U0617489

权威·前沿·原创

皮书系列为
"十二五""十三五""十四五"时期国家重点出版物出版专项规划项目

BLUE BOOK

智 库 成 果 出 版 与 传 播 平 台

女性生活蓝皮书
BLUE BOOK OF WOMEN'S LIFE

中国女性生活状况报告 *No.15*（2022）
ANNUAL REPORT ON CHINESE WOMEN'S STATE OF LIFE No.15 (2022)

中国妇女杂志社
中国家庭文化研究会
华坤女性生活调查中心
华坤女性消费指导中心
主　编／高博燕

社会科学文献出版社
SOCIAL SCIENCES ACADEMIC PRESS（CHINA）

图书在版编目（CIP）数据

中国女性生活状况报告. No.15, 2022 / 高博燕主编
. --北京：社会科学文献出版社，2023.1
（女性生活蓝皮书）
ISBN 978-7-5228-1448-3

Ⅰ.①中⋯　Ⅱ.①高⋯　Ⅲ.①女性-生活状况-研究
报告-中国-2022　Ⅳ.①D669.68

中国国家版本馆 CIP 数据核字（2023）第 030799 号

女性生活蓝皮书
中国女性生活状况报告 No.15（2022）

主　　编／高博燕

出 版 人／王利民
责任编辑／张建中
责任印制／王京美

出　　版／社会科学文献出版社·政法传媒分社（010）59367126
　　　　　地址：北京市北三环中路甲 29 号院华龙大厦　邮编：100029
　　　　　网址：www.ssap.com.cn
发　　行／社会科学文献出版社（010）59367028
印　　装／天津千鹤文化传播有限公司

规　　格／开　本：787mm×1092mm　1/16
　　　　　印　张：13　字　数：168 千字
版　　次／2023 年 1 月第 1 版　2023 年 1 月第 1 次印刷
书　　号／ISBN 978-7-5228-1448-3
定　　价／138.00 元

读者服务电话：4008918866

▲ 版权所有 翻印必究

致　谢

《第 16 次中国城市女性生活质量调查报告（2021 年）》和《2021 年中国城市女性及家庭消费状况调查报告》得到以下妇联组织的大力支持，特此感谢。

河北省石家庄市妇联、承德市妇联

山西省太原市妇联、大同市妇联

内蒙古自治区呼和浩特市妇联、乌兰察布市妇联

黑龙江省哈尔滨市妇联、伊春市妇联

浙江省杭州市妇联、台州市妇联

江西省南昌市妇联、吉安市妇联

山东省济南市妇联、滨州市妇联

云南省昆明市妇联、丽江市妇联

陕西省西安市妇联、商洛市妇联

甘肃省兰州市妇联、定西市妇联

女性生活蓝皮书
编　委　会

编　委　高博燕　吴宝丽　刘　萍　柳亚敏　江燕华
　　　　迟桂兰
主　编　高博燕

主要编撰者简介

高博燕　中国妇女杂志社社长、总编辑，中国家庭文化研究会常务副会长兼秘书长、中国期刊协会副会长。曾任中国妇女报社新闻中心副主任、采编部主任、总编室主任，好主妇杂志社总编辑、常务副社长，中国妇女杂志社副总编辑、华坤女性生活调查中心副理事长。曾获中国新闻奖；曾获"全国新闻出版行业领军人才"和"北京市新闻出版行业领军人才"等称号。是"女性生活蓝皮书"《中国女性生活状况报告 No.12（2018）》主编及《新时代新女性　新生活——2017 年中国女性生活状况总报告》的主要执笔者；是"女性生活蓝皮书"《中国女性生活状况报告 No.13（2019）》主编及《新变化　新挑战　新期盼——2018 年中国女性生活状况总报告》的主要执笔者；是"女性生活蓝皮书"《中国女性生活状况报告 No.14（2021）》主编及《促进妇女全面发展，推动妇女走在时代前列——2019～2020 年中国女性生活状况总报告》的主要执笔者；是"女性生活蓝皮书"《中国女性生活状况报告 No.15（2022）》主编及《奋进新征程，争做建设者倡导者奋斗者——2021 年中国女性生活状况总报告》的主要执笔者。

吴宝丽　中国妇女杂志社副社长兼战略发展部主任，中国家庭文化研究会副会长，中国妇女报刊协会副会长。文学学士、公共管理硕士。曾获"全国新闻出版行业领军人才"称号。是"女性生活蓝皮书"《中国女性生活状况报告 No. 12（2018）》中《2017 年中国城市女性及家庭消费状况调查报告》《中国式家庭情感表达方式调查报告》《现代青年安全避孕认知与行为调查报告》的主要执笔者；是"女性生活蓝皮书"《中国女性生活状况报告 No. 13（2019）》中《第 14 次中国城市女性生活质量调查报告（2018 年度）》《2018 年中国城市女性及家庭消费状况调查报告》《"中国青年女科学家奖"公众认知调查报告》的主要执笔者；是"女性生活蓝皮书"《中国女性生活状况报告 No. 14（2021）》中《新时代家庭家教家风调查报告》的主要执笔者，《形体透视生活——城市女性形体健康管理状况调查报告》的执笔者之一；是"女性生活蓝皮书"《中国女性生活状况报告 No. 15（2022）》中《新生代女性健康生活方式调查报告》和《乳腺癌患者生活状况调查报告》的主要执笔者。

刘 萍 中国妇女杂志社副总编辑兼全媒体中心主任、《婚姻与家庭》杂志总编辑、《妇儿健康导刊》杂志总编辑、华坤女性生活调查中心理事长、中国婚姻家庭研究会副秘书长、中国家庭文化研究会常务理事。编审，哲学学士，中国科学院心理研究所婚姻家庭专业研究生。曾任《婚姻与家庭》杂志执行主编、主编、常务副社长，华坤女性生活调查中心副理事长。曾获妇女报刊好作品评选一等奖，出版个人作品集《伊人味道》，主编心理学普及读物《只想和你过好这一生》《只想和你好好生活》《这样做父母就对了》等。是"女性生活蓝皮书"《中国女性生活状况报告 No. 14（2021）》中《第 15 次中国城市女性生活质量调查报告（2019～2020 年）》和《2019～2020 年中国城市女性及家庭消费状况调查报告》的主要执笔者；是"女性生活蓝皮书"《中国女性生活状况报告 No. 15（2022）》中《第 16 次中国城市女性生活质量调查报告（2021 年）》和《2021 年中国城市女性及家庭消费状况调查报告》的主要执笔者。

魏开琼 中华女子学院妇女发展学院院长、教授、硕士生导师、博士。现为中国妇女研究会理事、中国婚姻家庭研究会理事。是《中国妇女发展纲要（2021~2030年）》专家建议稿项目核心成员。主要研究领域为妇女理论、妇女发展、妇女与公共政策、性别平等教育等。出版女性主义知识论、女性主义理论、妇女发展相关著作。围绕公共政策、妇女发展、学科建设、性别平等教育等议题发表论文数十篇，承担主题为女性主义知识论、男女平等观、公民道德建设、妇女发展等多项省部级课题。担任执行主编出版《中国妇女百年发展报告（1921~2021）》《新时代妇女发展的实践与创新》。是"女性生活蓝皮书"《中国女性生活状况报告 No. 14（2021）》中《第15次中国城市女性生活质量调查报告（2019~2020年）》的执笔者之一；是"女性生活蓝皮书"《中国女性生活状况报告 No. 15（2022）》中《第16次中国城市女性生活质量调查报告（2021年）》的执笔者之一。

张明明 华坤女性生活调查中心理事、项目主管，传播学学士、管理学硕士，统计（中级）。是"女性生活蓝皮书"《中国女性生活状况报告 No. 13（2019）》中《中国家庭室内空气状况认知现状调查报告》的执笔者，《新变化 新挑战 新期盼——2018年中国女性生活状况总报告》《第14次中国城市女性生活质量调查报告（2018年度）》《2018年中国城市女性及家庭消费状况调查报告》《"中国青年女科学家奖"公众认知调查报告》的执笔者之一；是"女性生活蓝皮书"《中国女性生活状况报告 No. 14（2021）》中《新时代家庭家教家风调查报告》和《2019~2020年中国城市女性及家庭消费状况调查报告》的执笔者之一；是"女性生活蓝皮书"《中国女性生活状况报告 No. 15（2022）》中《第16次中国城市女性生活质量调查报告（2021 年）》《2021 年中国城市女性及家庭消费状况调查报告》《乳腺癌患者生活状况调查报告》数据汇总整理与统计分析者，《2021 年中国城市女性及家庭消费状况调查报告》的执笔者之一。

摘　要

本书通过《奋进新征程，争做建设者倡导者奋斗者——2021年中国女性生活状况总报告》及《第16次中国城市女性生活质量调查报告（2021年）》《2021年中国城市女性及家庭消费状况调查报告》《新生代女性健康生活方式调查报告》《乳腺癌患者生活状况调查报告》4个调研报告，从不同侧面展现了当今女性奋进新征程、建功新时代，在社会生活和家庭生活中发挥独特作用的新风貌。

报告显示，2021年，城市女性生活总体满意度为7.40分。其中，家庭生活满意度为7.97分，生活幸福感为7.89分，身心健康满意度为7.71分，居住环境满意度为7.62分，家庭收入满意度为6.56分，工作状况满意度为7.52分，个人收入满意度为6.38分。被调查的城市女性政治素养提高，争做建设者倡导者奋斗者；积极创业就业，在数字经济中寻找新机遇；努力兼顾工作与家庭，在家庭家教家风建设中发挥独特作用；创享高品质生活，践行绿色生活方式；注重身心健康，自我舒压调适，陪伴家人、美化家庭、自我提升，畅享数字生活。

2021年，城市女性及家庭消费呈现新特征。"自觉绿色消费，购买节能环保产品""追求高品质生活，注重居家环境美化""支持国货，喜爱购买国潮品牌"位居前三。常态化疫情防控下，中短途游成为新选择。家庭育儿、住房等成为家庭最大开支。对高质量家政服务、智能养老服务、0~3岁普惠托幼服务需求强烈。

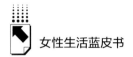

对新生代女性健康生活方式的调查发现，被调查女性追求由内而外、精致细心的全方位健康养护，讲究健康饮食，注重运动健身；新生代女性的婚恋观特征明显，对"不在意年龄，遇到合适的对象再考虑结婚"和"结不结婚顺其自然"等认同度高；主动在线上购买避孕用品的消费增长，掌握避孕"主导权"。

对于乳腺癌患者生活状况的调查表明，她们确诊时平均年龄为46 岁；自认为患癌的首因是"精神和心理压力大"；除 14.1%保乳成功外，佩戴义乳成普遍选择；"按时复诊，配合医生治疗"和"家人的支持和照顾"等，助力乳腺癌患者重建新生活。

关键词： 生活质量　家庭消费　家庭建设　女性健康

目　录 ↖

Ⅰ　总报告

Ⅱ　女性及家庭生活状况调查

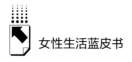

皮书数据库阅读**使用指南**

总 报 告
General Report

B.1

奋进新征程，争做建设者倡导者奋斗者

——2021年中国女性生活状况总报告

中国妇女杂志社　中国家庭文化研究会　华坤女性生活调查中心　华坤女性消费指导中心

摘　要： 2021年，广大女性奋进新征程，争做建设者倡导者奋斗者，积极追求美好生活。她们自信自强，厚植爱国爱党爱人民的情怀；踔厉奋发，追梦建功新征程；发现美好，创享品质生活；向上向善，引领文明风尚；注重健康，追求身心和谐；绿色生活，践行生态文明；时代同行，畅享数字生活。她们期望多措并举，减轻生育、养育、教育负担；期望完善制度机制，保障平等权益；期望加大家庭服务力度，助力实现美好生活。报告建议：引领广大女性为推动高质量发展建新功；促进家庭家教家风建设深入人心、落实落细；把维护妇女权益和关爱服务做在平常、抓在经常。

关键词： 女性生活质量　女性及家庭消费　家庭家教家风

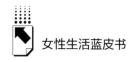

2021 年"三八"国际妇女节来临之际，习近平总书记发表重要讲话，充分肯定广大妇女积极投身新时代中国特色社会主义事业，以巾帼不让须眉的豪情和努力，起到了半边天的重要作用；希望广大妇女做伟大事业的建设者、做文明风尚的倡导者、做敢于追梦的奋斗者。

本报告聚焦年度中国女性生活的各项调查，通过丰富翔实的数据，展现广大女性奋进新征程，争做建设者倡导者奋斗者，积极追求美好生活的全景风貌。她们投身伟大事业，昂首追梦建功，践行文明健康生活方式，在社会生活和家庭生活中发挥了独特作用。

一 2021 年女性生活总体评述

（一）自信自强 厚植爱国爱党爱人民的情怀

2021 年是党和国家历史上具有里程碑意义的一年，是"两个一百年"奋斗目标历史交汇、开启全面建设社会主义现代化国家新征程的一年。广大女性心怀"国之大者"，以高度的历史责任感和主人翁精神，自觉把个人理想追求融入党和国家事业大局，奋进新征程，争做建设者倡导者奋斗者。

数据显示，被调查女性对见证隆重庆祝"中国共产党成立一百周年"和"党的十九届六中全会召开"印象最为深刻；她们积极传承红色基因，从党的百年奋斗重大成就和历史经验中汲取智慧和力量。对"全面建成小康社会""'十四五'良好开局"等一系列国家大事，备感鼓舞和振奋。在党史学习教育、"四史"宣传教育中，广大女性历史自觉、历史自信得到增强。81.0% 的被调查女性通过"看《觉醒年代》《长津湖》等革命题材影视剧"，知史爱党、知史爱国；68.0%"关心时政，重视理论学习，努力提高思想政治素养"。她们关注"国之大者"，注重思政学习，厚植爱国、爱党、爱人民的情怀。

被调查女性具有强烈的民族自豪感和自信心，对"中国航天进入空间站时代"（42.8%）和"东京奥运会获得海外参赛最好成绩"（36.9%）等印象深刻。2021年中国航天事业捷报频传，"祝融"探火、"羲和"逐日、"天和"遨游星辰；体育健儿勇创佳绩，东京奥运会中国排在金牌榜和奖牌榜第二名，中国代表团连续5届残奥会金牌榜、奖牌榜双第一；欣欣向荣的中国各行各业取得举世瞩目的卓越成就，提振了包括广大女性在内的中华儿女的民族自豪感，增强了做中国人的志气、骨气、底气。

在庆祝建党百年之际，很多女性带动家庭成员"赓续红色血脉，感悟红色家风"，带着孩子"参访革命遗址、重温红色记忆"，激励孩子增强家国情怀，努力成长为社会主义事业的建设者和接班人。

（二）踔厉奋发　追梦建功新征程

在全面建设社会主义现代化国家、向第二个百年奋斗目标进军的新征程上，广大女性以"强国复兴有我"的使命感、自豪感，立足岗位，踔厉奋发，追梦奋斗。被调查女性中，既有在事业单位、群团组织中拥有稳定工作的女性，也有抓住机遇自主创业、积极应对变化、转型尝试新兴行业的女性，更有奋战经济主战场的企业员工、基层一线的社区工作者等。

伴随着数字经济和平台经济的快速发展，新业态、新就业群体大量涌现，外卖骑手、快递员、网约车司机……成为劳动大军中的重要力量，其中不乏女性。她们积极尝试"网络创业，做网络主播、UP主、微博达人等"，或者"选择做外卖骑手、网约车司机等灵活工作"，在挑战中实现自我价值，参与经济社会高质量发展，也为满足人们多样化需求和降低疫情对生活的影响作出了积极贡献。同时，她们在数字时代善于抓住机遇，找到了"自由职业、时间自主，兼顾

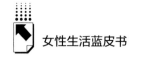

工作与家庭"的方式。

在实现民族复兴的赛道上，女性平等就业、平等参与经济发展。91.7%的被调查女性都有自己的收入，44.9%表示"有喜爱的工作，倍感珍惜持续努力"。她们注重"读书、听课等自主学习，提升新技能"，在各行各业岗位建功，奋勇争先。

（三）发现美好　创享品质生活

2021年国家统筹疫情防控和经济社会发展，着力保障和改善民生，人民生活水平稳步提高，惠及广大女性及家庭。2021年度城市女性生活总体满意度为7.40分（总分10分），从单项指标看，女性对家庭生活的满意度最高，生活幸福感第二，身心健康满意度第三。从不同人群看，拥有稳定家庭生活的已婚女性幸福感分值更高；身为退休人员、公务员和事业单位人员的女性幸福感更强。

被调查女性在生活的各个方面都展现出对高品位、高质量的追求。她们对居住品质的要求提升，"追求高品质生活，注重居家环境美化"是女性及家庭的重要变化之一。数据表明，品质租住成为主流，很多女性和家庭将最大开支用于"买房（还房贷）、租房"和"装修房子、美化家居环境"，也表达了"买房/换房"或"租更舒适的房子"等改善型需求；为了让自己或家人吃得更精致更健康，越来越多的女性尝试在家做饭，"升级厨具，更享受在家烹饪的乐趣"；对购物体验有更高要求，"悦己消费增多，更重视消费体验"。她们注重满足精神文化层面的需求，读书、听课、去各种网红书店打卡成为新风尚，"购书、看电影、看展览"等精神消费增加；她们乐于购买艺术品、尝试艺术品收藏，借此提高审美品位。

国潮不仅是消费潮流，也是一种生活理念。国潮的流行，反映出女性推崇传统美学，热爱传统文化，对国风的认同感增强；"支持国货，喜爱购买'国潮'品牌"成为一种生活方式、一种新的潮流文化。国潮的追逐者以中青年女性为主，她们是在改革开放、经济快速发展中成长起来的，对中国发展充满信心，对传统文化认同感和自豪感提升；她们买国货、用国货、晒国货的积极性更高，用行动支持国货，体现出文化自信。

（四）向上向善　引领文明风尚

天下之本在国，国之本在家。家庭是国家发展、民族团结、社会和谐的重要基点。第七次全国人口普查数据显示，我国目前已有4.94亿户家庭。"注重家庭家教家风建设""'双减'政策实施，家庭教育促进法出台""《民法典》为美好生活保驾护航""实施三孩生育政策"等令被调查女性印象深，对她们影响大。78.5%的被调查女性表示"在家庭生活中发挥独特作用，建设和谐家庭"做得很好；通过"营造相亲相爱、向上向善的家庭关系""设计家庭活动，凝聚亲情""注重仪式感，提升家庭生活质量"等好做法来建设好家庭，促进家庭幸福安康。她们将闲暇时间用于"陪伴孩子和家人"（69.3%），在陪伴和交流中增进了和家人之间的亲密关系；不断增长经营家庭的智慧，增强提升家庭幸福感的能力。

"双减"政策的实施和家庭教育促进法的出台，给父母的教育焦虑降了温。作为家长，女性在教育认知、教育能力方面实现"双升"。"立德树人，更注重孩子的品德教育"（56.1%）和"合理安排孩子生活，德智体美劳全面发展"（55.8%）成为被调查女性在家教方面的最大变化。有加有减收获满满，孩子拥有了更多走向户外、亲近自然的课后时间；形式丰富的劳动教育，历练了孩子的品格和心性；带娃逛博物馆、泡美术馆，成为家庭度周末的一种美好生活方式。同时，被调查女性清楚地认识到作为父母在家庭教育中的法定责任、主体作用。25.4%的被调查女性深感"家事变国事，依法带娃是责任"，把法律规定转化为自觉行动，46.8%在"学习科学方法，提高家长自

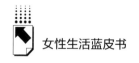

身能力"方面有紧迫感。

家风是社会风气的重要组成部分。被调查女性自觉承担家庭责任，认同"好家风是家庭精神财富，要代代传承"的比例最高（72.2%）。她们发挥在弘扬中华民族传统美德、树立良好家风方面的独特作用，通过实践养成、文化熏陶、榜样学习等弘扬新时代家庭观。她们认同"家风渗透在言传身教和日常生活中"，她们"注重'忠厚传家久，诗书继世长'等传统家庭美德""向身边的'最美家庭'学习""重视精神生活，塑造家庭文化""渴望学习和分享家学智慧""学习名人经典家训，制定自家家训家规""通过家书、家庭日、家庭会议等形式涵养家风"等。同时，74.3%的被调查女性表示"夫妻平等、共同承担家务"已成为共识，夫妻在家庭建设、家庭教育、家务劳动、照料老人中分工配合，携手同行。

新生代女性的婚恋观、生育观也在发生变化，对"不在意年龄，遇到合适的对象再考虑结婚"和"结不结婚顺其自然"认同度高；多数被调查女性表示婚恋决定权在自己手中，父母大多比较理解。

（五）注重健康　追求身心和谐

女性注重生命质量、身心健康，对健康的关注涵盖生理、医疗、心理、养生保健等方方面面。调查表明，"内养"受到女性垂青。她们认为健康之美要自内而外，追求身体全方位养护，不只单纯依赖护肤品留住青春，而是青睐健康饮食（42.6%）、运动健身（32.8%）、内服保健品（24.1%）等"内养"方式。随着全民健身国家战略的深入实施，健康中国和体育强国建设迈出新步伐，"带动3亿人参与冰雪运动"的目标提前实现，女性在闲暇时间进行"体育健身、参与冰雪运动"（12.0%）。她们也注重孕育健康，主动学习生殖健康和优生优育知识，参与婚前医学检查、孕前优生健康检查等。34.4%的有备孕经历的被调查女性备孕时长为1~3个月，36.2%的为3个月以上；66.4%的在科学备孕中注重通过调整作息、饮食、生活方式等改善身体素质，并七成以上期望伴侣在备孕中能够"戒烟戒酒""健康饮食""形成良好作息"。此外，女性在特殊时期如孕期、产后也注意美丽健康，孕期女性美护用品的消费额逐年上涨，妊娠纹护理和胸部护理消费额增长幅度较大，健身器材和瑜伽用品的消费额也稳步上升。

女性尤其注重心理健康，自觉学习和掌握基本的心理调适方法，以更好掌控自身情绪，应对和疏解各种压力。心理咨询从传统的心理诊所转移到了线上，她们"下载心理 App，线上咨询求助"，随时"在线"成为新的倾诉减压渠道。日常，她们积极尝试"自我疏导，与压力和解""听音乐、阅读、追剧等""户外运动、体育锻炼""跟家人或亲朋好友倾诉""参加公益志愿活动、社群活动""看心理医生，接受专业治疗"等各种减压方式，追求身心和谐、全面健康。

疾病是健康的大敌，人们又必须面对。乳腺癌是女性常见的肿瘤。调查显示，乳腺癌患者积极乐观、坚持抗争，"癌龄"平均为 6 年，四成多被调查乳腺癌患者度过了 5 年生存期。"按时复诊，配合医生治疗""家人的支持和照顾""健康饮食""运动健身"等成为助力乳腺癌患者重建新生活的重要因素。她们预后更注重健康生活方式养成，如"注意营养搭配，积极健身锻炼，养成良好的生活方式""珍惜生命，好好生活，发展了很多兴趣爱好"。

（六）绿色生活　践行生态文明

生态文明建设与每个人息息相关。女性生态文明意识强，78.1%的被调查女性表示在"践行健康绿色生活方式"方面做得很好。同时，她们发挥自身独特作用，在家庭生活中"践行简约适度、绿色低碳生活方式"，带领家庭成员参与绿色家庭创建和节能环保行动。从"光盘行动"、反对餐饮浪费，到节水节电、使用节能家电，"绿

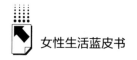

色低碳节俭风"吹进千家万户，成为社会新风尚。

女性的绿色消费意识增强，还体现在把环保理念落实到具体的消费行为中，成为"绿色买单人"。2021年她们最大的消费新变化是"自觉绿色消费，购买节能环保产品"。相比传统燃油车，新能源汽车以节能环保、噪声小等特点，赢得了女性的青睐，24.1%的被调查女性愿意"买/换新能源汽车"。

女性带领家庭成员从小事做起，在日常生活的细节中践行"微环保"，逐渐形成"循环利用"的理念。随着"互联网+二手"交易平台的走俏，不少女性及家庭通过买卖二手物品、以旧换新等方式，呈现出更理性、更节约的消费特点。特别是中青年女性，消费回归理性，她们交换闲置物品更活跃，成为以买卖二手、以旧换新为代表的循环经济的积极践行者。

（七）时代同行　畅享数字生活

2021年，我国网民规模已超10亿，全球最为庞大、生机勃勃的数字社会已经形成。短视频、直播等由最初为用户提供娱乐和消遣的单一功能向提供"吃住行游购娱"等多种服务功能转变，让更多女性和家庭享受到互联网技术所带来的便捷和高效，极大丰富了她们的生活。女性在闲暇时间"玩手机、打游戏、刷剧等，享受'云生活'"，拍短视频、玩抖音，乐于日常美食、潮流运动、家庭生活等展示分享，借助互联网平台来记录和展现美好生活。

数字时代，线上线下加速融合，消费变得方便快捷、新鲜有趣，消费者的体验不断优化，女性及家庭的品质生活需求更好地得到了满足。"各种网购、点外卖"等"云消费"已成为女性及家庭的生活常态，也是最大开支之一。女性期待更精彩、更美好的数字生活，希望"升级迭代电子产品""入手更多便捷智能家电产品"，使居家生活更丰富、更具品质，家务劳动更便利、更高效。

二 女性及家庭的新需求、新期望

2021 年度的各项调查展示了女性及家庭的生活质量整体状况，也反映出她们对美好生活的新需求、新期望。

（一）期望多措并举，减轻生育、养育、教育负担

调查表明，经济负担、孩子照料、对职业发展的担忧等成为影响女性生育意愿的主要因素。育龄主力人群中"生育焦虑"较为普遍，"养育孩子成本高"是最大的焦虑来源。"养育孩子的费用"稳居女性及家庭开支榜首。很多女性感叹"孩子的各项花费太大了""自从有了孩子，花钱特别节省"。面对三孩生育政策的实施，不少女性感到"压力增大，育儿负担变重，矛盾多了""可能会选择做阶段性全职妈妈"。隔代照料较为普遍，女性认为"老人帮忙带娃有利有弊，家庭关系变复杂"；"担心和家人观念不一致易发生矛盾"；期望在带娃这件事上，全家形成合力。

在养育孩子方面，男性参与度仍显不足，调查中在对此问题做出有效回答的被调查女性的家庭中主要由爸爸负责的占比仅为 0.9%，主要由妈妈负责的比例为 46.2%。"工作和家庭难平衡"（44.7%）成为职业女性面临的最大压力，她们希望夫妻共同承担孩子的抚养、教育责任。家庭教育促进法也强调父母要共同参与家庭教育，尤其对家庭教育中的父亲角色提出了新要求。

"双减"政策的实施，家庭教育促进法的出台，对家庭教育提出更高要求，如何依法带娃成为一些家长心中的难题。被调查女性表示"焦虑又找不到好的教育方法""最难的是当好一个称职的家长"。女性期盼学习家庭教育理念，掌握家庭教育方法，提高科学育儿能力。

女性期望在保障孕产妇健康的同时，将心理关爱、形体管理等融

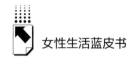
入孕产妇健康管理全过程。她们在孕期面临一系列身心变化，包括内分泌紊乱、体型改变、妊娠纹出现等；超半数有孕期经历的被调查女性出现过"心情焦虑，情绪不稳定"（53.2%）、"恶心反酸，孕吐"（50.9%）等情况；产后恢复也有诸多困扰，76.2%的产后被调查女性最担心"身材变形、腹部赘肉等身材问题"。

（二）期望完善制度机制，保障平等权益

不同区域的女性在就业状况、个人收入、生活满意度等方面存在差异。调查显示，东部地区被调查女性有稳定工作的比例最高，西部地区"难以找到稳定工作"和"未工作"的比例较大；东部地区女性的生活满意度最高，中部地区第二位，东北地区位居第三。希望随着经济社会的发展，区域间发展不平衡的问题能有所纾解。

低学历女性面临更大的"疫情带来的职业转型危机"和"不确定性带来的经济压力"。初中及以下学历女性处于"难以找到稳定工作"或"未工作"状态的占比较高。她们期盼有更广阔的学历教育、职业培训渠道，以满足多样化学习需求，提高自身发展能力。

部分因生育中断职业发展的全职妈妈期待重返职场，但"难以找到稳定工作""未工作"的比例较高。灵活就业者以及自由职业者面临收入不稳定的压力。她们期望加大政策帮扶力度，多渠道帮助女性实现就业，进一步保障妇女在就业创业、职业发展、职业健康与安全等方面的权益。

对乳腺癌患者的调查显示，她们大部分人到中年，责任与压力也达到了峰值，自认"精神、心理压力大"是患癌首因。患癌后，一部分女性陷入了人生低潮。离异或丧偶等婚姻变故也会给女性带来经济压力和身心影响，导致幸福感降低。她们希望健全分层分类社会救助体系，使身处困境的女性能获得更多生活帮扶、精神抚慰等关爱。

老龄妇女健康支出在其总支出中占比大，但买保险应对重大疾病

等突发事件的健康保障意识弱；她们期望丰富商业养老保险产品，提高养老保险水平，建立并完善多层次的养老服务和长期照护保障制度，使自身享有普惠均等、方便可及的基本养老服务。

（三）期望加大家庭服务力度，助力自己实现美好生活

调查数据显示，在被调查女性急需的家庭服务中，选择"家庭教育指导服务"（50.5%）和"丰富的社区精神文化娱乐活动"（43.8%）的女性的比例高。可以看出，她们希望推进家庭教育指导服务体系建设，获得更多家庭教育支持；同时，也期望发挥社区作用，丰富日常精神文化生活。

女性期望以"一老一小"为重点，进一步发展多种形式的普惠服务；希望推进智慧养老服务，提供"智能看护、陪聊、陪诊等养老服务"；希望发展"0~3岁普惠托幼服务，单位/社区开办托儿所"，让有条件的用人单位为职工提供托育服务，加强社区托育服务设施建设；希望持续推动家政服务业提质扩容，提供"职业化、规范化、高质量的家政服务"。

女性期望社会提供婚姻家庭辅导服务，搭建更多婚恋交友平台。10%左右的被调查女性急需"家事调解和法律服务"，以有效化解家庭矛盾纠纷；7.4%的被调查女性面临"常常被催恋/催婚/催育"的压力，认为难以"脱单"的主要原因是"圈子太窄，认识新朋友的机会不多"，期待更多更有针对性的"婚恋辅导、相亲交友"服务。

三 推动高质量妇女发展的建议

"十四五"开局之年，在立足新发展阶段、贯彻新发展理念、构建新发展格局，推进高质量发展中，妇女发挥了半边天的重要作

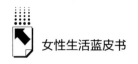
用。结合 2021 年度中国女性生活的各项调查成果，本报告提出以下
建议。

（一）引领广大女性为推动高质量发展建新功

要加大宣传宣讲宣扬宣教力度，激励广大妇女做伟大事业的建设
者、做文明风尚的倡导者、做敢于追梦的奋斗者。要激发她们干事创
业、敢为人先的精气神，使她们积极投身全面建设社会主义现代化国
家的伟大实践，奋斗新征程，交出新答卷。要组织各行各业优秀党
员、三八红旗手、劳动模范、巾帼建功标兵等优秀女性进企业进学校
进社区进乡村，讲奋斗经历、励志故事，带动更多女性以奋斗建功新
时代、以勤劳创造新生活，自觉把人生理想融入强国复兴伟业。要为
女性提升素质搭建平台，助力她们在高质量发展中有担当有作为。要
引领更多女性参与"科技创新巾帼行动"等巾帼建功系列活动，注
重女性科学素质的全面提升，加强女性科技人才培养；为女性创新创
业提供支持、搭建平台，加强高素质女职工培育、女性职业技能培
训，培养更多女性能工巧匠、大国工匠，使更多女性实现技能成才、
技能报国。

要有效帮助全职妈妈、待业女性等，提供再就业培训等公共服
务，鼓励用人单位制定有利于女职工平衡工作和家庭的措施。要积极
引领和动员广大妇女立足岗位建功，为经济社会高质量发展贡献巾帼
力量。

（二）促进家庭家教家风建设深入人心、落实落细

2021 年 3 月《习近平关于注重家庭家教家风建设论述摘编》出
版发行，对于动员社会各界广泛参与家庭文明建设具有十分重要的
意义。

要进一步发挥女性在家庭家教家风建设中的独特作用。弘扬新时

代家庭观，引导家庭成员共同升华爱国爱家的家国情怀、建设相亲相爱的家庭关系、弘扬向上向善的家庭美德、体现共建共享的家庭追求。要树立正确的婚恋观、生育观，倡导新型婚育文化；推进移风易俗，推动破除高价彩礼、铺张浪费等陋习；促进男女共同履行家庭责任，共担家务，共同陪伴孩子成长。

要进一步贯彻落实积极应对人口老龄化的国家战略和《中共中央 国务院关于优化生育政策促进人口长期均衡发展的决定》，促进三孩生育政策落实。加强优生优育政策宣传，推广婚姻登记、婚前医学检查、婚育健康宣传教育、婚姻家庭关系辅导等"一站式"服务；开展恋爱、婚姻家庭观念教育，为适龄男女青年婚恋交友搭建平台；完善生育休假与生育保险制度，增加普惠托育服务供给，多措并举减轻家庭养育负担。

家庭教育促进法是我国首次就家庭教育进行的专门立法，要推动家庭教育促进法深入女性、落到家庭。针对被调查女性的家教困惑和焦虑，加强宣传普及、指导服务和实践引导，送法到家到父母身边，教会家长科学教子。采用专家讲座、打造网上家长学校等方式，提供有针对性的精准服务；加强家庭学校社会协同育人，汇聚专家、优秀家长、志愿者、社工等各方力量，确保家庭教育指导服务普惠享有，做儿童成长的引路人、儿童权益的守护人、儿童未来的筑梦人。

（三）把维护妇女权益和关爱服务做在平常、抓在经常

要常态化关爱困难妇女，加强特殊困难群体关爱服务。要把低保家庭、零就业家庭以及较长时间未就业的女大学生作为重点帮扶对象；关注关心关爱低收入女性、老龄妇女、单亲困难母亲，为她们提供实实在在的帮助，促进特定群体权益更有保障；重视乳腺癌患者的心理关爱工作，引导她们保持乐观向上的生活态度；针对新业态新领

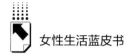

域女性，强化联系服务，积极排忧解难；针对妇女发展不平衡不充分、区域差距和群体差距依然存在等问题，推进基本公共服务均等化。

要常态化做好保障妇女权益的工作。2021 年《中华人民共和国民法典》（简称《民法典》）实施，为美好生活保驾护航。超六成被调查女性"学习《民法典》，做法律明白人"，自觉增强法治观念。要深入开展《民法典》等专项普法活动，面向妇女和家庭提供多种形式的法律咨询等服务，提高女性尊法学法守法用法的意识和能力；要用好"12338"妇女维权热线，使妇女表达诉求的渠道更为畅通；积极应对新业态新领域发展给妇女权益保障带来的新挑战，完善灵活就业社会保障政策。

强国复兴有我"半边天"。新征程、新挑战，新机遇、新奋斗。新时代女性昂首阔步行进在实现中华民族伟大复兴的道路上，争做建设者倡导者奋斗者。我们唯有踔厉奋发、笃行不息，方能不负历史、不负时代、不负人民。

执笔： 高博燕，中国妇女杂志社社长、总编辑，副编审，中国家庭文化研究会常务副会长兼秘书长、中国期刊协会副会长。是 2018 年以来"女性生活蓝皮书"《中国女性生活状况报告》主编及 4 部皮书中中国女性生活状况总报告的主要执笔者。

女性及家庭生活状况调查

Women and Family Life Survey

B.2

第16次中国城市女性生活质量
调查报告（2021年）

中国妇女杂志社　中国家庭文化研究会　华坤女性生活调查中心

摘　要： 对 34990 位城市女性的调查显示，2021 年，城市女性生活总体满意度为 7.40 分。其中，家庭生活满意度 7.97 分，生活幸福感 7.89 分，身心健康满意度 7.71 分，居住环境满意度 7.62 分，家庭收入满意度 6.56 分，工作状况满意度 7.52 分，个人收入满意度 6.38 分。2021 年，被调查女性奋斗新征程、建功新时代。她们对"国之大者"感受深刻，政治素养提升；她们追求多元化创业就业，打破工作与生活边界；她们弘扬家庭文明新风尚，认为家庭幸福、工作稳定是幸福感的重要来源；她们创享高品质生活，践行绿色生活方式。建议：坚持分众化、差异化、精准化策略，强化思想政治引领；落实就业优先战略，加强对灵活就业女性权益的保护；提高女性数字素养，使其更

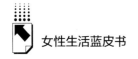
好融入数字时代；构建高质量家庭服务体系，提升妇女及家庭的获得感、幸福感、安全感。

关键词： 城市女性　生活质量　创业就业　家庭建设　家庭满意度

2021年是党和国家历史上具有里程碑意义的一年。中国共产党成立一百周年，实现第一个百年奋斗目标，制定党百年历史上的第三个历史决议。这一年，党的十九届六中全会胜利召开，我国如期打赢脱贫攻坚战，全面建成小康社会，开启全面建设社会主义现代化国家、向第二个百年奋斗目标进军新征程。为加强妇女思想政治引领工作的针对性、精准性、实效性，深入了解妇女群众的所思所想、所需所盼，进一步提高妇女生活质量，推动妇女事业和经济社会同步发展，中国妇女杂志社、中国家庭文化研究会、华坤女性生活调查中心开展了"第16次中国城市女性生活质量调查（2021年）"。

本次调查按照国家统计局的《东西中部和东北地区划分方法》，重点抽取了10个省（自治区、直辖市）开展调查。随机抽取18~65岁的女性填答电子问卷。2022年3月14~26日，共回收37184份问卷。其中通过审核的有效问卷34990份，有效率为94.1%。由于各地区的差异较大，对问卷进行了加权处理，以使调查结果更能客观反映实际情况。

一　被调查女性的基本情况

（一）被调查女性的人口基本特征

1.被调查女性的地区分布

本次调查对象为在城市居住半年以上的常住人口中的18~65岁

女性。被调查女性主要来自抽取的 20 个城市，少量来自其他城市。

本次调查有近一半的被调查女性来自东部地区，占 44.0%，来自中部、西部、东北的被调查女性分别占 24.1%、24.3% 和 7.6%（见表1），该数据与根据"第七次全国人口普查"和《中国统计年鉴》测算的中国城镇女性人口地区分布比例基本一致。

表1　被调查女性的地区分布

单位：人，%

地区	占比	主要城市
东部	44.0	北京、石家庄、承德、济南、滨州、上海、杭州、台州、广州、深圳等
中部	24.1	太原、大同、南昌、吉安等
西部	24.3	包头、呼和浩特、乌兰察布、西安、定西、昆明、丽江、兰州、商洛等
东北	7.6	哈尔滨、伊春等

2.被调查女性的年龄分布

本次调查面向 18~65 岁的女性。结果显示，被调查女性的平均年龄为 39 岁。1970 年以后出生的女性占比超九成（91.0%），成为本次调查的主要人群。其中，"70 后"占 28.4%；"80 后"占 36.0%；"90 后"占 25.3%；出生于 2000 年之后的"00 后"占 1.3%。除此之外，"50 后""60 后"参与本次调查的比例为 8.9%（见图1）。

（二）被调查女性的社会经济地位

教育、职业、收入等影响着女性的家庭生活和社会生活，是衡量城市女性生活质量的重要变量。

1.被调查女性的学历水平

在被调查女性中，大专及以上学历的占 68.3%；高中/中专/技校及以下学历的占 31.6%。其中，本科学历的所占比例最高，为 41.7%；大专

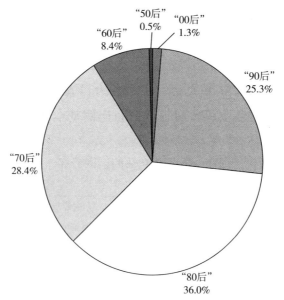

图 1　被调查女性的年龄

学历的占 21.4%，硕士及以上学历的占 5.2%（见图 2）。从学历来看，大多数被调查女性受过良好教育，大专及以上学历的女性占比近七成。

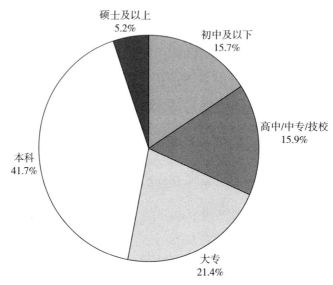

图 2　被调查女性的学历水平

被调查女性的受教育程度存在明显代际差异。"00后""90后""80后"女性学历水平较高，其中"90后"在本科学历和硕士及以上学历中占比均最高，分别为57.7%和8.4%。高中/中专/技校及以下学历者主要为"50后""60后""70后"（见表2）。

表2　不同年龄段被调查女性的学历水平

单位：人，%

学历水平	类别	"00后"	"90后"	"80后"	"70后"	"60后"	"50后"
初中及以下	计数	20	294	1484	2593	1041	76
	百分比	4.4	3.3	11.8	26.1	35.4	42.2
高中/中专/技校	计数	63	647	1828	2098	850	80
	百分比	13.9	7.3	14.5	21.1	28.9	44.4
大专	计数	202	2065	2823	1936	437	15
	百分比	44.5	23.3	22.4	19.5	14.9	8.3
本科	计数	167	5119	5593	3135	581	9
	百分比	36.8	57.7	44.4	31.5	19.7	5.0
硕士及以上	计数	2	744	868	188	33	0
	百分比	0.4	8.4	6.9	1.9	1.1	0

2. 被调查女性的职业

本次被调查女性的就业呈现多样化特征。公务员、事业单位人员超过四成，占42.5%；企业人员占10.9%；群团组织人员占6.6%。

本次调查针对的是在城市居住半年以上的女性，无论是城镇户籍还是非城镇户籍均可填答问卷，农民/进城务工人员占8.4%。

此外，本次调查中从事"其他"工作的女性占8.2%，其中部分女性从事公益性工作（见图3）。另，全职主妇、全职妈妈占11.2%，退休人员占2.0%，学生占0.4%。

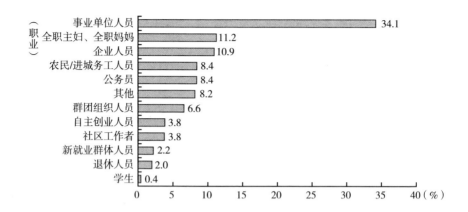

图3　被调查女性的职业/身份

值得注意的是，被调查女性中有一部分人选择了灵活就业、自主创业等新的就业形态。开公司、做电商等自主创业人员的占3.8%；网络主播、网约车司机、快递员等新就业群体人员占2.2%。

3. 被调查女性的个人收入

本次调查设计了关于女性的个人年收入问题，依据国家统计局收入水平划分标准提供了六个选项："3万元及以下""3万（不含）~6万元""6万（不含）~12万元""12万（不含）~18万元""18万元以上""没有收入"。

结果显示，超九成（91.7%）被调查女性都有自己的收入，8.3%属于无收入女性群体。被调查女性中12万元以上的高收入女性，占7.6%；6万（不含）~12万元的较高收入女性占21.8%；3万（不含）~6万元的中等收入女性，占30.5%；3万元及以下的低收入女性占31.8%（见图4）。课题组在调查中得知，很多被调查女性填答的是扣除"五险一金"、税收等之后的实际到手收入。

从不同地区被调查女性的个人收入看，东部地区的高收入女性、

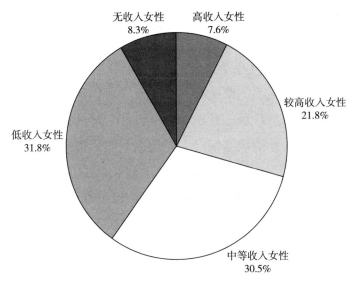

图 4　被调查女性的个人收入

注：本次调查的收入分段参考了国家统计局的相关划分标准。

较高收入女性占比最高，分别为 14.7% 和 35.2%；低收入女性和无收入女性占比最低，分别为 16.8% 和 3.6%。而中部、西部和东北地区之间的被调查女性收入状况基本趋于一致（见表3）。

表 3　不同地区被调查女性的个人收入

单位：人，%

个人收入	类别	东部	中部	西部	东北
高收入	计数	2264	142	207	33
	百分比	14.7	1.7	2.4	1.2
较高收入	计数	5425	867	1163	182
	百分比	35.2	10.3	13.7	6.8
中等收入	计数	4582	2537	2386	1183
	百分比	29.7	30.1	28.1	44.5
低收入	计数	2589	3818	3540	1164
	百分比	16.8	45.3	41.7	43.7
无收入	计数	547	1072	1188	99
	百分比	3.6	12.7	14.0	3.7

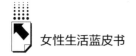

4. 被调查女性的家庭收入

本次调查设计了关于女性的家庭年收入问题。根据国家统计局相关收入水平划分标准设计了七个选项："6万元及以下""6万（不含）~12万元""12万（不含）~18万元""18万（不含）~24万元""24万（不含）~30万元""30万（不含）~36万元""36万元以上"。

根据被调查女性的填答情况，课题组对收入群体进行了合并。其中，将24万元以上称为高收入家庭，该群体占11.2%；12万（不含）~24万元称为较高收入家庭，占24.7%；6万（不含）~12万元称为中等收入家庭，占28.9%；6万元及以下称为低收入家庭，占35.3%（见图5）。课题组在调查中得知，和被调查女性填答的个人收入一样，她们填答的也基本上是家庭实际收入。

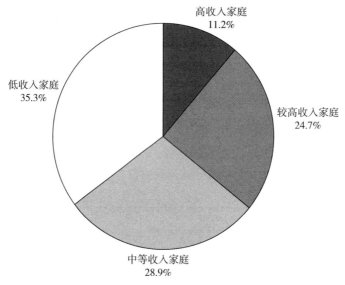

图5 被调查女性的家庭收入

从不同地区被调查女性的家庭收入分布看，东部地区的高收入家庭占比为21.3%；较高收入家庭占比也明显高于其他地区，为37.1%，分别高出中部、西部、东北地区21.4个、21.5个、27.1个百分点（见表4）。

表4　不同地区被调查女性的家庭收入

单位：人，%

家庭收入	类别	东部	中部	西部	东北
高收入	计数	3285	263	295	64
	百分比	21.3	3.1	3.5	2.4
较高收入	计数	5713	1327	1323	265
	百分比	37.1	15.7	15.6	10.0
中等收入	计数	4061	2670	2459	916
	百分比	26.4	31.7	29.0	34.4
低收入	计数	2348	4176	4409	1417
	百分比	15.2	49.5	52.0	53.2

（三）被调查女性的婚姻家庭状况

1. 被调查女性的婚姻状况

本次被调查女性中，未婚女性占12.0%，已婚女性占84.4%，离异/丧偶占3.6%（见图6）。

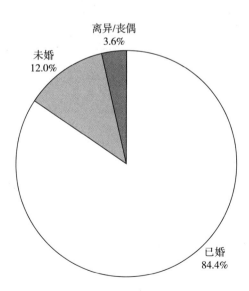

图6　被调查女性的婚姻状况

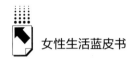

调查显示，不同年龄段女性的婚姻状况有所不同。绝大多数"60后""70后""80后"处于已婚状态，其中"70后"中已婚女性占比最高，为94.5%；有60.9%的"90后"处于已婚状态；绝大多数"00后"还是未婚，占91.6%。调查还发现，随着年龄的增大，处于离异或丧偶状态的女性占比逐渐增大。"50后"中离异/丧偶的女性占比显著高于其他年龄段，为15.6%（见表5）。

《中国统计年鉴2021》显示，2020年结婚登记人数共计814.33万对，较2019年减少了113万对。其中，2020年初婚人数为1228.6万人，相比2013年的最高峰（2385.96万人），下降48.5%，接近一半。初婚人数的大幅度下降，除了因适婚年龄人口减少外，还有其他因素。随着受教育年限的增长，即使到了法定的结婚年龄，不少女性还是学生身份；没有上大学的女性，大部分也外出谋生，这种状态同样影响了婚育。

表5　不同年龄段被调查女性的婚姻状况

单位：人，%

婚姻状况	类别	"00后"	"90后"	"80后"	"70后"	"60后"	"50后"
已婚	计数	35	5397	11811	9406	2720	149
	百分比	7.7	60.9	93.8	94.5	92.5	83.2
未婚	计数	416	3377	349	49	5	2
	百分比	91.6	38.1	2.8	0.5	0.2	1.1
离异/丧偶	计数	3	94	435	495	217	28
	百分比	0.7	1.1	3.5	5.0	7.4	15.6

2.被调查女性的生育状况

从本次被调查女性的生育状况看，80%以上的受调查者已有孩子；没有孩子的占16.8%。被调查女性中，近一半育有一个子/女，占47.0%；生育两个孩子的占33.4%；生育三个孩子的占2.6%（见图7）。

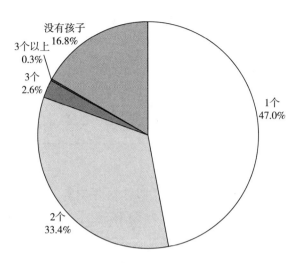

图7　被调查女性的生育状况

　　调查显示，不同年龄段的女性生育状况有所差异，明显受到生育政策的影响。根据2020年第七次全国人口普查的主要数据，受生育政策调整等因素影响，全国多出生"二孩"数量达1000多万人。"80后"生育两个孩子的最多，占47.3%。"60后""70后"生育一个孩子的较多，分别为56.0%、62.0%。在生育三个孩子和生育三个以上孩子的女性中，"50后"的占比均显著高于其他年龄段的女性(见表6)。

表6　不同年龄段被调查女性的生育状况

单位：人，%

生育状况	类别	"00后"	"90后"	"80后"	"70后"	"60后"	"50后"
1个	计数	20	2921	5627	6166	1648	61
	百分比	4.4	32.9	44.7	62.0	56.0	33.9
2个	计数	6	1254	5956	3333	1061	89
	百分比	1.3	14.1	47.3	33.5	36.0	49.4
3个	计数	0	72	321	280	201	20
	百分比	0	0.8	2.5	2.8	6.8	11.1

续表

生育状况	类别	"00后"	"90后"	"80后"	"70后"	"60后"	"50后"
3个以上	计数	0	0	27	32	26	7
	百分比	0	0	0.2	0.3	0.9	3.9
没有孩子	计数	427	4622	665	139	8	3
	百分比	94.3	52.1	5.3	1.4	0.3	1.7

不同地区被调查女性在生育方面存在明显差异。东北地区被调查女性只有一个孩子的比例最高，为73.0%；中部地区被调查女性生育"二孩"和"三孩"的比例较其他地区更高，分别达42.9%、6.1%；东部地区被调查女性"没有孩子"的比例较全国平均水平高（见表7）。

表7　不同地区被调查女性的生育状况

单位：人，%

孩子	类别	东部	中部	西部	东北
1个	计数	7303	3099	4098	1943
	百分比	47.4	36.7	48.3	73.0
2个	计数	4818	3619	2937	324
	百分比	31.3	42.9	34.6	12.2
3个	计数	165	516	203	9
	百分比	1.1	6.1	2.4	0.3
3个以上	计数	16	53	24	0
	百分比	0.1	0.6	0.3	0
没有孩子	计数	3107	1148	1223	386
	百分比	20.2	13.6	14.4	14.5

二　政治素养提高，争做建设者倡导者奋斗者

（一）对"国之大者"感受深刻

2021年是党和国家历史上具有里程碑意义的一年。被调查女性

在隆重庆祝建党一百周年、实现第一个百年奋斗目标、召开党的十九届六中全会等一系列国家大事中深受鼓舞激励，备感温暖振奋。调查显示，被调查女性对"中国共产党成立一百周年"印象深刻的比例最高，为85.1%；令被调查女性印象深刻的国家大事还有"党的十九届六中全会召开"（42.5%）、"全面建成小康社会"（41.2%）、"扎实推进共同富裕"（28.3%）和"'十四五'良好开局"（27.4%）。

调查还显示，被调查女性对与妇女、儿童及家庭生活密切相关的民生改革大事印象深刻。53.7%的被调查女性选择了"'双减'政策实施，家庭教育促进法出台"；49.4%选择了"《民法典》为美好生活保驾护航"；48.7%选择了"实施三孩生育政策"；36.5%选择了"注重家庭家教家风建设"。

被调查女性对2021年"中国航天进入空间站时代"和"东京奥运会获得海外参赛最好成绩"印象深刻的比例分别为42.8%和36.9%（见图8）。航天事业、体育事业的发展成就增强了她们的民族自豪感。

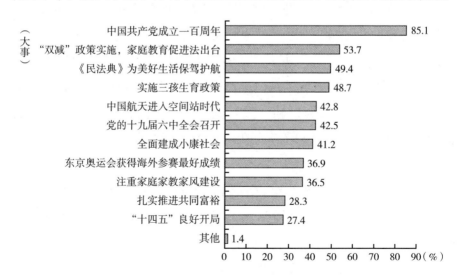

图8　被调查女性印象深刻的大事

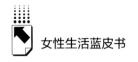

（二）争做建设者倡导者奋斗者

2021 年开展党史学习教育是党中央立足党的百年历史新起点、统筹中华民族伟大复兴战略全局和世界百年未有之大变局、为动员全党全国满怀信心投身全面建设社会主义现代化国家而作出的重大决策。一年来，超八成女性（81.0%）积极参与"四史"教育，通过"看《觉醒年代》《长津湖》等革命题材影视剧"，更加知史爱党、知史爱国，在缅怀先烈中厚植报国情怀，在党的百年辉煌中汲取力量。

2021 年 3 月 6 日，习近平总书记代表党中央向全国各族各界妇女致以节日的祝贺和美好的祝福，并寄语广大妇女要做伟大事业的建设者、做文明风尚的倡导者、做敢于追梦的奋斗者，在全面建设社会主义现代化国家新征程上，为实现中华民族伟大复兴的中国梦作出新的更大贡献。调查显示，被调查女性牢记习近平总书记嘱托，以巾帼不让须眉的豪情，奋勇争先；68.0% 的被调查女性表示在"争做建设者倡导者奋斗者"方面做得很好。

调查显示，近七成女性（68.0%）"关心时政，重视理论学习，努力提高思想政治素养"，显示了她们关心时事，勤学善思，知行合一。被调查者以历史责任感和主人翁精神，做对社会有责任、对家庭有贡献的新时代女性。近八成的被调查女性在"家庭生活中发挥独特作用，建设和谐家庭"（78.5%）和"践行健康绿色生活方式"（78.1%）方面做得很好；超六成（62.6%）在"学习《民法典》，做法律明白人"方面做得很好（见图 9）。

调查显示，在"争做建设者倡导者奋斗者"这一选项，"70后""80 后"被调查女性认为自己做得很好的分别占 65.0% 和69.5%，"90 后""00 后"分别为 71.5%、71.1%（见表 8）。中青年女性把青春奋斗融入党和人民事业，成为实现中华民族伟大复兴的先锋力量。

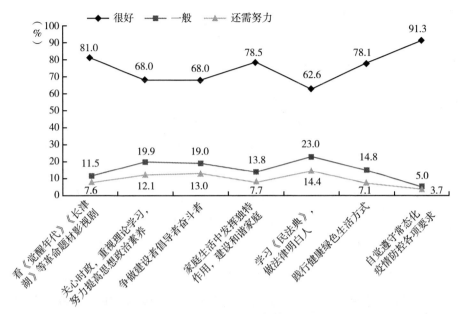

图9 被调查女性对思政素养的自我评价

表8 不同年龄段被调查女性对"争做建设者倡导者奋斗者"的自我评价

单位：人，%

做得如何	类别	"00后"	"90后"	"80后"	"70后"	"60后"	"50后"
很好	计数	322	6344	8752	6468	1783	114
	百分比	71.1	71.5	69.5	65.0	60.6	63.3
一般	计数	106	1778	2356	1800	581	31
	百分比	23.4	20.0	18.7	18.1	19.7	17.2
还需努力	计数	25	746	1488	1682	578	35
	百分比	5.5	8.4	11.8	16.9	19.6	19.4

三 积极创业就业，立足岗位奋斗追梦

强国复兴有我，争做新时代的"半边天"。新征程中广大女性奋勇拼搏、砥砺前行。被调查女性表示"有喜爱的工作，倍感珍惜持续努力"的比例最高（44.9%）。她们珍惜时代机遇，发扬"四自"

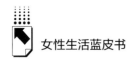

精神，把岗位作为奋斗的舞台，把责任化作前进的动力，在经济建设的主战场奋发努力，在科技创新的主阵地勇攀高峰。

新时代女性有较强的自我意识，更热衷于尝试新事物。面对疫情防控、经济转型、产业升级等挑战，12.8%的被调查女性表示敢于"积极应对变化，转型尝试新兴行业"，寻找令自己感到更充实的工作。数字经济的迅猛发展为创业女性提供了奋斗平台，她们主动选择新业态，拓展新领域，乐于选择"自由职业，时间自主，兼顾工作与家庭"（8.8%）或"网络创业，做网络主播、UP主、微博达人等"（0.6%），以及"选择外卖骑手、网约车司机等灵活工作"（0.3%）。

部分被调查女性也表达了对目前工作现状的某些困惑。灵活就业者、自由职业者面临热爱的工作与收入的稳定之间的两难选择，认为"用爱好和特长赚钱，但不稳定不持久"（2.7%）；甚至一些女性表示"难以找到稳定工作"（7.7%）、"未工作"（7.6%）（见图10），女性就业仍面临困难和挑战。

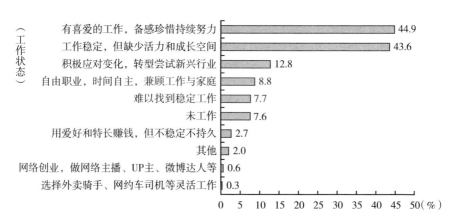

图10 被调查女性的工作状态

（一）数字经济带来新机遇

调查发现，各行各业女性立足岗位奋发努力，但工作状态和期盼有所差异。公务员、事业单位人员、群团组织人员等工作较稳定的女性倾向选择"有喜爱的工作，备感珍惜持续努力"，但同时，她们中也有人感到"工作稳定，但缺少活力和成长空间"，期待工作中有更大的发展空间。

被调查女性选择自主创业的人员中，43.5%选择"自由职业，时间自主，兼顾工作与家庭"；在不同职业/身份被调查女性分类中，这一群体选择"积极应对变化，转型尝试新兴行业"的比例最高（23.3%），其中有8.1%"用爱好和特长赚钱"，2.2%从事"网络创业，做网络主播、UP主、微博达人等"。

被调查女性新就业群体人员中，高中/中专/技校学历者占比最高，为35.5%；大专学历者次之，为31.3%（见图11）。面对疫情对就业市场的冲击，受影响较大的大专及以下学历女性积极求变，抓住数字化就业的浪潮，转向新就业形态。同时，也有近15%的本科及以上学历被调查女性选择新的与数字化相关的工作方式。

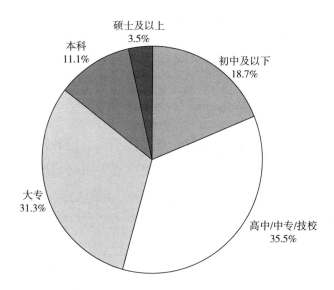

图11 被调查女性中新就业群体人员的学历水平

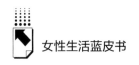

被调查女性中的全职主妇、全职妈妈和农民/进城务工人员选择"难以找到稳定工作"的占比较大,分别为20.1%和24.9%。但她们依然在积极寻求新机会。23.3%的全职主妇、全职妈妈以及24.4%的农民/进城务工人员通过选择自由职业,做到时间上自主,兼顾工作与家庭;有的选择"网络创业,做网络主播、UP主、微博达人等"(见表9)。灵活的就业形式给女性带来新机遇。

《2020~2021年数字化就业新职业新岗位研究报告》显示:2020年微信生态以数字化能力催生新职业新工种新岗位,衍生出3684万个就业机会;微信支付服务商在三线及以下城市的分布比例达50.6%。快手开发的"快手小店"将更多的生产者和消费者联系起来,也将城乡的女性连接起来。可以预见,未来会有更多女性乘着数字化经济的浪潮追求自己的美好生活。

在"自主创业人员"这一选项,"70后""80后"被调查女性的占比最高;在"新就业群体人员"这一选项,"90后""00后"的占比最高(见表10)。她们的就业方式更丰富,灵活就业成为就业新选择。她们利用新型平台就业创业,凭借一技之长在新经济领域进行创新,为自己带来更广阔的发展空间。

(二)在工作与育儿、家庭间寻求平衡

调查表明,和已婚已育的被调查女性相比,没有孩子的已婚女性和未婚单身女性对工作有更高要求,更愿意尝试转型或突破,也能够在工作上投入更多的时间和精力,选择"工作稳定,但缺少活力和成长空间""积极应对变化,转型尝试新兴行业"的比例更高。

已婚已育的被调查女性,一部分在工作和育儿中寻求平衡,选择"自由职业,时间自主,兼顾工作和家庭""有喜爱的工作,备感珍惜持续努力"的比例更高;另一部分女性为了照顾家庭和孩子甚至放弃了原有工作,表示"难以找到稳定工作"或"未工作"的比例更高(见图12)。

第16次中国城市女性生活质量调查报告（2021年）

单位：%

表9 不同职业/身份被调查女性的工作状态

工作状态	占比	公务员	群团组织人员	事业单位人员	企业人员	自主创业人员	新就业群体人员	全职主妇、全职妈妈	学生	退休人员	农民/进城务工人员	其他	社区工作者
有喜爱的工作，备感珍惜持续努力	百分比	47.8	45.2	57.5	47.3	40.2	43.5	17.7	14.4	31.6	31.3	41.9	50.1
积极应对变化，转型尝试新兴行业	百分比	9.3	18.4	11.9	17.4	23.3	15.3	7.5	5.1	7.4	12.0	12.7	15.0
工作稳定，但缺少活力和成长空间	百分比	67.6	52.7	57.5	53.8	18.2	32.5	6.5	9.4	6.2	16.2	43.2	47.7
网络创业、做网络主播、UP主、微博达人等	百分比	0.4	0.5	0.5	0.6	2.2	0.6	0.8	0.6	0.9	0.6	0.5	0.5

续表

工作状态	占比	公务员	群团组织人员	事业单位人员	企业人员	自主创业人员	新就业群体人员	全职主妇、全职妈妈	学生	退休人员	农民/进城务工人员	其他	社区工作者
自由职业，时间自主，兼顾工作与家庭	百分比	0.8	5.1	1.5	2.4	43.5	13.3	23.3	1.8	17.1	24.4	5.2	5.8
用爱好和特长赚钱，但不稳定不持久	百分比	0.5	1.8	1.5	1.5	8.1	5.0	4.3	3.5	4.3	6.3	2.6	2.7
选择外卖骑手、网约车司机等灵活工作	百分比	0.1	0.3	0.2	0.4	0.9	0.3	0.5	0.0	0.1	0.8	0.3	0.1
难以找到稳定工作	百分比	0.4	5.4	1.6	4.4	11.3	17.8	20.1	8.5	5.0	24.9	9.6	6.0
未工作	百分比	0.1	0.6	0.2	0.3	3.8	2.3	41.0	61.3	35.8	16.7	3.9	0.3
其他	百分比	0.7	1.5	1.2	2.0	1.5	1.3	1.1	4.9	8.8	2.3	6.0	4.4

表10　不同年龄段被调查女性的职业/身份

单位：人，%

职业/身份	类别	"00后"	"90后"	"80后"	"70后"	"60后"	"50后"
公务员	计数	33	859	1021	809	215	0
	百分比	7.3	9.7	8.1	8.1	7.3	0
群团组织人员	计数	19	627	878	626	144	5
	百分比	4.2	7.1	7.0	6.3	4.9	2.8
事业单位人员	计数	172	3603	4253	3301	615	4
	百分比	37.8	40.6	33.8	33.2	20.9	2.2
企业人员	计数	50	1295	1689	691	76	4
	百分比	11.0	14.6	13.4	6.9	2.6	2.2
自主创业人员	计数	5	223	587	440	86	4
	百分比	1.1	2.5	4.7	4.4	2.9	2.2
新就业群体人员	计数	18	243	266	213	27	1
	百分比	4.0	2.7	2.1	2.1	0.9	0.6
全职主妇、全职妈妈	计数	7	471	1572	1317	515	35
	百分比	1.5	5.3	12.5	13.2	17.5	19.7
学生	计数	95	52	0	0	0	0
	百分比	20.9	0.6	0	0	0	0
退休人员	计数	0	0	0	180	449	71
	百分比	0	0	0	1.8	15.3	39.9
农民/进城务工人员	计数	6	198	789	1345	565	45
	百分比	1.3	2.2	6.3	13.5	19.2	25.3
其他	计数	40	923	1067	670	147	7
	百分比	8.8	10.4	8.5	6.7	5.0	3.9
社区工作者	计数	10	374	473	357	103	2
	百分比	2.2	4.2	3.8	3.6	3.5	1.1

（三）受教育程度影响就业观念

调查表明，不同学历水平女性的工作状态也有所区别。初中及以下学历女性处于"难以找到稳定工作""未工作"状态的较多，分别占19.5%和25.7%。且在不同学历被调查女性群体中，初中及以下学历女性选择"自由职业，时间自主，兼顾工作与家庭"的比例最

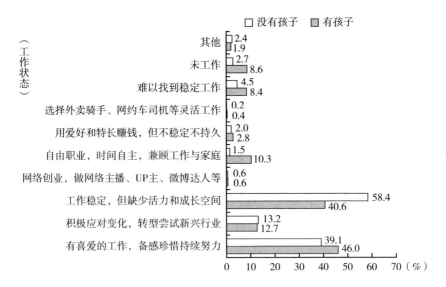

图12　不同婚育状况被调查女性的工作状态

高，为24.2%。

在不同学历被调查女性群体中，硕士及以上女性有喜爱的工作且工作稳定的比例均最高，但同时她们也觉得工作"缺少活力和成长空间"，渴望谋求进一步发展。仅有1.0%的硕士及以上学历被调查女性选择"自由职业，时间自主，兼顾工作与家庭"（见表11）。学历越高的女性对个人发展、自我实现的期许就越高，她们希望在更广阔的领域发挥才能，实现自我价值，获得社会认可。

表11　不同学历水平被调查女性的工作状态

单位：次，%

工作状态	类别	初中及以下	高中/中专/技校	大专	本科	硕士及以上
有喜爱的工作，备感珍惜持续努力	计数	1603	2480	3510	7199	910
	百分比	29.1	44.6	46.9	49.3	49.6

续表

工作状态	类别	初中及以下	高中/中专/技校	大专	本科	硕士及以上
积极应对变化，转型尝试新兴行业	计数	547	804	1165	1765	200
	百分比	9.9	14.4	15.6	12.1	10.9
工作稳定，但缺少活力和成长空间	计数	741	1303	3447	8642	1122
	百分比	13.5	23.4	46.1	59.2	61.1
网络创业，做网络主播、UP主、微博达人等	计数	47	56	48	60	6
	百分比	0.9	1.0	0.6	0.4	0.3
自由职业，时间自主，兼顾工作与家庭	计数	1333	1065	449	213	18
	百分比	24.2	19.1	6.0	1.5	1.0
用爱好和特长赚钱，但不稳定不持久	计数	269	250	190	205	19
	百分比	4.9	4.5	2.5	1.4	1.0
选择外卖骑手、网约车司机等灵活工作	计数	39	35	29	17	0
	百分比	0.7	0.6	0.4	0.1	0
难以找到稳定工作	计数	1072	674	524	413	21
	百分比	19.5	12.1	7.0	2.8	1.1
未工作	计数	1417	722	330	183	23
	百分比	25.7	13.0	4.4	1.3	1.2
其他	计数	106	131	194	246	31
	百分比	1.9	2.3	2.6	1.7	1.7

（四）地区经济状况影响女性工作方式

调查显示，不同地区的经济状况对女性的工作状态有一定影响。

在不同地区被调查女性群体中，东部地区女性有稳定工作的比例最高，为49.8%；西部地区女性中选择"难以找到稳定工作"和"未工作"的比例较大，分别为13.5%和12.7%。

　　调查还发现，东北地区被调查女性的就业方式更为灵活多样，从事"网络创业，做网络主播、UP主、微博达人等"和"选择外卖骑手、网约车司机等灵活工作"的比例均高于其他地区，分别为1.3%和0.7%（见表12）。

表12　不同地区被调查女性的工作状态

单位：次，%

工作状态	类别	东部	中部	西部	东北
有喜爱的工作,倍感珍惜持续努力	计数	7660	3408	3282	1351
	百分比	49.7	40.4	38.7	50.8
积极应对变化,转型尝试新兴行业	计数	1907	1174	1016	383
	百分比	12.4	13.9	12.0	14.4
工作稳定,但缺少活力和成长空间	计数	7679	3385	2916	1275
	百分比	49.8	40.1	34.4	47.9
网络创业,做网络主播、UP主、微博达人等	计数	73	63	47	35
	百分比	0.5	0.7	0.5	1.3
自由职业,时间自主,兼顾工作与家庭	计数	1043	831	954	251
	百分比	6.8	9.8	11.2	9.4
用爱好和特长赚钱,但不稳定不持久	计数	294	250	295	95
	百分比	1.9	3.0	3.5	3.6
选择外卖骑手、网约车司机等灵活工作	计数	41	34	25	19
	百分比	0.3	0.4	0.3	0.7
难以找到稳定工作	计数	621	791	1142	149
	百分比	4.0	9.4	13.5	5.6
未工作	计数	600	854	1076	144
	百分比	3.9	10.1	12.7	5.4
其他	计数	241	193	200	73
	百分比	1.6	2.3	2.4	2.8

具体来看，不同区域被调查女性的职业身份在一定程度上影响了她们的工作状态。如表 13 所示，中、西部地区在事业单位工作的女性占比偏低。与此同时，这两个区域全职主妇、全职妈妈的比例偏高。西部地区被调查女性中农民/进城务工人员占比 15.7%，而中部及东北地区这一数据仅为 9.0% 或略高，明显高于东部地区（3.9%）。此外，中部、西部地区被调查女性自主创业人员、新就业群体人员的占比也略高于东部地区。

表 13 不同区域被调查女性的职业身份

单位：人，%

职业身份	类别	东部	中部	西部	东北
公务员	计数	1505	425	653	355
	百分比	9.8	5.0	7.7	13.3
群团组织人员	计数	621	1100	435	144
	百分比	4.0	13.0	5.1	5.4
事业单位人员	计数	7227	1500	1991	1230
	百分比	46.9	17.8	23.5	46.2
企业人员	计数	2158	748	781	118
	百分比	14.0	8.9	9.2	4.4
自主创业人员	计数	549	355	371	71
	百分比	3.6	4.2	4.4	2.7
新就业群体人员	计数	284	233	214	38
	百分比	1.8	2.8	2.5	1.4
全职主妇、全职妈妈	计数	1011	1391	1374	140
	百分比	6.6	16.5	16.2	5.3
学生	计数	53	31	51	12
	百分比	0.3	0.4	0.6	0.5
退休人员	计数	225	194	201	80
	百分比	1.5	2.3	2.4	3.0
农民/进城务工人员	计数	608	762	1334	244
	百分比	3.9	9.0	15.7	9.2
其他	计数	806	1207	638	203
	百分比	5.2	14.3	7.5	7.6

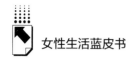

职业身份	类别	东部	中部	西部	东北
社区工作者	计数	361	489	444	26
	百分比	2.3	5.8	5.2	1.0

四 家庭家教家风建设展现新气象，女性发挥独特作用

2021 年三孩生育政策发布实施，多地跟进各项生育支持政策；家庭教育促进法颁布，"家事"上升为"国事"；"双减"政策助力高质量教育体系的构建；等等。这些都与家庭建设的方方面面密切相关。那么正在经历生育、养育、教育子女的女性及其家庭发生了什么变化？她们还有哪些担忧和实际困难？急需哪些家庭服务支持？这些都是本次调查关注的问题。

（一）三孩生育政策实施，女性喜忧参半

为进一步适应人口形势新变化和推动高质量发展新要求，《中共中央　国务院关于优化生育政策促进人口长期均衡发展的决定》公布"实施一对夫妻可以生育三个子女政策及配套支持措施"的重大决策，各地随之陆续出台了一系列三孩生育支持措施。有 48.7% 的被调查女性将"实施三孩生育政策"列为 2021 年印象深刻的大事。随着三孩生育政策的实施，被调查女性认为家庭关系会发生变化。这些积极的变化依次为"孩子有伴，相互陪伴、共同成长"（42.8%）、"多口之家共享天伦、幸福加倍"（24.1%）和"丈夫参与带娃，家庭责任感增强"（17.6%）。

被调查女性也担心生育三孩会带来一些其他影响。例如，"压力增大，育儿负担变重，矛盾多了"（64.3%）、"老人帮忙带娃有利有弊，

家庭关系变复杂"（39.4%）和"可能会选择做阶段性全职妈妈"
（9.6%）（见图13）。

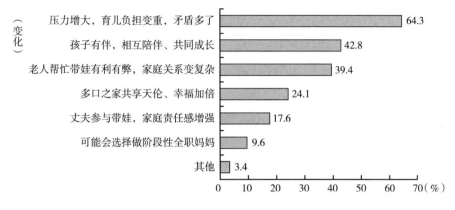

图13　被调查女性的家庭关系变化

（二）男女共担家务，营造和谐家庭关系

调查显示，被调查女性及其家人都非常重视家庭建设，致力构建平等和谐的夫妻关系，共同分担儿童养育、老人照料等家庭责任，不同家庭有着各自的持家智慧和家庭建设好做法。被调查女性选择"夫妻平等、共同承担家务"的比例最高（74.3%），"男主外、女主内"的传统性别分工模式已经被打破。

60.2%的被调查女性认为"营造相亲相爱、向上向善的家庭关系"是家庭建设的重要内容。她们倡导家人之间要"包容、有爱""家人之间不要计较谁付出的多、谁付出的少""长辈尊重年轻人的选择""教育孩子的同时父母共同学习进步，成长不分年龄"等等。

大多数被调查女性和家庭全方位培育家庭情感，努力提升生活质量。近四成被调查女性"践行简约适度、绿色低碳生活方式"。绿色出行、节水节电、逛街带上环保袋等日常之举看似微小，却能有效减少碳排放。被调查女性还认为应该"注重仪式感，提升家庭生活质量"（占比 37.9%）；30.7% 的被调查女性选择"设计家庭活动，凝聚亲情"，被调查女性尝试"多组织家庭户外活动，增强体质的同时培养亲子关系、夫妻关系"；还有超四分之一的被调查女性"反对天价彩礼，节俭办婚事"；近五分之一的被调查女性认为"赓续红色血脉，感悟红色家风"是家庭建设的好做法（见图 14）。

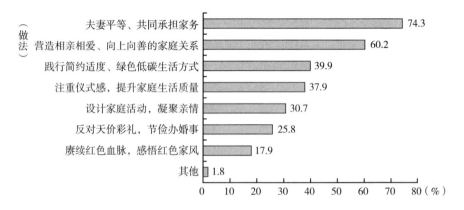

图 14 被调查女性的家庭建设好做法

（三）立德树人，注重家长主体责任

家庭是孩子的第一个课堂，父母是孩子的第一任老师。2021 年 7 月 24 日，为有效减轻义务教育阶段学生过重作业负担和校外培训负担（简称"双减"），中共中央办公厅、国务院办公厅印发了《关于进一步减轻义务教育阶段学生作业负担和校外培训负担的意见》，并提出 1 年内有效减轻、3 年内成效显著的工作目标。同年 10 月 23 日，第十三届全国人民代表大会常务委员会第三十一次会议表决通过了《中华人民共和国家庭教育促进法》，这是我国首次就家庭教育进行专门立法，"家事"上升为"国事"，家长依法带娃。法律明确，未成年人的父母或者其他监护人负责实施家庭教育。国家和社会为家庭教育提供指导、支持和服务。家庭教育作为教育的开端，关乎每一个孩子的健康成长和家庭和谐，关乎社会主义建设者和接班人的培养，也关乎国家发展、民族进步、社会稳定。

调查显示，随着"双减"政策实施和家庭教育促进法出台，被调查女性在家教方面呈现新变化（见图15）。56.1%的被调查女性更明确家庭教育的核心在于立德树人，因此，"更注重孩子的品德教育"，要帮助孩子扣好人生第一粒扣子。正如家庭教育促进法明确规定的，家庭教育指父母或其他监护人对未成年人实施道德品质、身体素质、生活技能、文化修养、行为习惯等方面的培育、引导和影响。55.8%的被调查女性认为应"合理安排孩子生活，德智体美劳全面发展"。近半数被调查女性认同应该"学习科学方法，提高家长自身能力"，25.4%的被调查女性感受到"家事变国事，依法带娃是责任"。

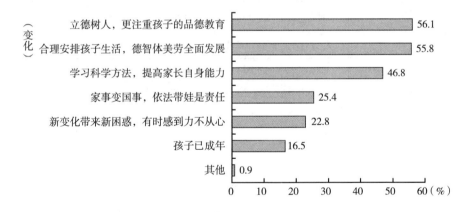

图 15　被调查女性的家教新变化

与此同时，被调查女性也指出家教"新变化带来新困惑，有时感到力不从心"（22.8%）。从她们填写的"其他"选项可以看出一些困惑，例如，"小学阶段的孩子减少考试、减少家庭作业导致家长无法掌握其学习情况""给孩子减负家长却增负了""焦虑又找不到好的教育方法"等。

调查显示，不同地区被调查女性在家教观念上有一些差异。东部地区被调查女性对作为家长的主体责任、立德树人、做合格父母、孩子德智体美劳全面发展等家庭教育理念的认知度高，且明显高于其他地区（见表14）。

表14　不同地区被调查女性的家教观念

单位：次，%

家教观念	类别	东部	中部	西部	东北
家事变国事，依法带娃是责任	计数	3646	1705	1486	565
	百分比	29.6	23.4	20.5	24.8
立德树人，更注重孩子的品德教育	计数	7248	4067	3781	1247
	百分比	58.9	55.8	52.1	54.8
学习科学方法，提高家长自身能力	计数	6372	3285	2997	991
	百分比	51.8	45.1	41.3	43.6
合理安排孩子生活，德智体美劳全面发展	计数	7391	4084	3680	1091
	百分比	60.1	56.0	50.7	47.9
新变化带来新困惑，有时感到力不从心	计数	2934	1669	1688	362
	百分比	23.9	22.9	23.2	15.9
孩子已成年	计数	1838	1044	1438	499
	百分比	14.9	14.3	19.8	21.9
其他	计数	96	69	69	17
	百分比	0.8	0.9	1.0	0.7

（四）传承好家风，家风渗透在言传身教和日常生活中

千千万万个家庭的家风好，社会风气好才有了基础。调查显示，被调查女性及其家人重视家风，追求高质量的家庭生活。在树立良好家风方面的做法，选择比例最高的是"好家风是家庭精神财富，要代代传承"，占72.2%。同时45.6%的被调查女性认为"家风渗透在言传身教和日常生活中"；43.7%"注重'忠厚传家久，诗书继世

长'等传统家庭美德"，使之成为家庭建设守正创新的底蕴；38.7%
认同"向身边的'最美家庭'学习"，榜样激励见贤思齐。此外，
"重视精神生活，塑造家庭文化"（37.8%）、"渴望学习和分享家学
智慧"（27.3%）、"学习名人经典家训，制定自家家训家规"
（27.1%）和"通过家书、家庭日、家庭会议等形式涵养家风"
（21.2%）等，也被认为是家庭建设、家风传承、涵养家庭文化的好
做法（见图16）。

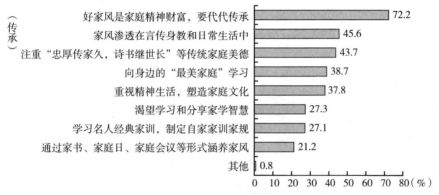

图16　被调查女性的家风传承好做法

（五）高质量家庭服务：为提高生活品质助力

调查显示，被调查女性及家庭对急需的家庭服务回应积极。
43.8%的被调查女性希望能有更多"丰富的社区精神文化娱乐活
动"，增加社区的凝聚力和居民的归属感；23.2%的渴望有"职业
化、规范化、高质量的家政服务"；期望有关部门能提供"婚恋辅
导、相亲交友""家事调节和法律服务"的分别占比8.0%、12.4%
（见图17）。

此外，2021年"双减"政策实施和家庭教育促进法出台，家庭
教育上升到更加重要的位置，50.5%的被调查女性表示急需"家庭教

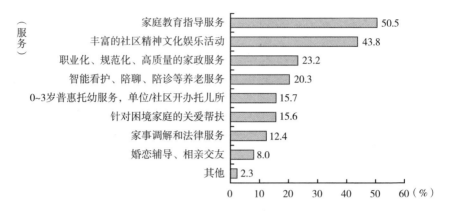

图 17　被调查女性急需的家庭服务

育指导服务"。此外，三孩生育政策实施后，社会也亟须完善一系列的配套措施。15.7%的被调查女性有"0~3岁普惠托幼服务，单位/社区开办托儿所"的需求。伴随着人口老龄化加剧，60岁以上的人口占总人口的近五分之一，"智能看护、陪聊、陪诊等养老服务"也成为20.3%的被调查女性的所需。

五　疏解有方，积极应对压力

（一）面临职场、生活等多重压力

被调查女性面临的压力，一方面是常规社会生活压力，排前几位的依次是"工作和家庭难平衡"（44.7%）、"孩子教育/老人生病/夫妻矛盾等家庭生活压力"（41.0%）、"角色多负担重，时间不够用"（36.4%）以及"对身体或心理健康担忧"（36.0%）；另一方面来源于持续了两年多的疫情，主要体现在疫情对收入、职业、社交等方面的影响，其中，"不确定性带来的经济压力"（44.1%）处于被调查女性所面临压力中的第二位，此外还有"疫情带来的职业转型危机"

（21.3%）、"职场内卷导致竞争加剧"（17.1%）、"习惯宅生活云生活，产生社交恐惧"（9.9%）等。

调查还发现，7.4%的被调查女性面临"常常被催恋/催婚/催育"的压力。

另外，有2.8%的被调查女性选择了"其他"选项（见图18）根据被调查女性自己填写的情况，"学业压力大，就业困难""基层工作劳累""经济负担重"也是导致女性压力的因素。

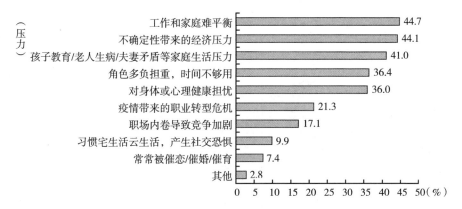

图18　被调查女性面临的压力

1. 近三成未婚女性习惯宅生活云生活，产生社交恐惧

从不同婚姻状况被调查女性的压力来源可以看出她们不同的生活处境与生活状态。未婚被调查女性一方面面临"职场内卷导致竞争加剧"（35.9%）、"不确定性带来的经济压力"（45.8%），另一方面"常常被催恋/催婚/催育"（45.1%），且"习惯宅生活云生活，产生社交恐惧"的比例达到29.9%。

已婚被调查女性的压力来源居前三的是"工作和家庭难平衡"、"孩子教育/老人生病/夫妻矛盾等家庭生活压力"和"不确定性带来的经济压力"，比例分别达到为48.5%、45.9%、43.6%。

离异/丧偶的被调查女性中有42.7%"对身体或心理健康担忧"。

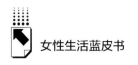

此外，她们也承担了更多"不确定性带来的经济压力"（48.9%）
（见表15）。

表15 不同婚姻状况被调查女性的压力来源

单位：次，%

压力	类别	已婚	未婚	离异/丧偶
工作和家庭难平衡	计数	14330	820	474
	百分比	48.5	19.5	37.2
职场内卷导致竞争加剧	计数	4285	1506	179
	百分比	14.5	35.9	14.1
不确定性带来的经济压力	计数	12874	1924	623
	百分比	43.6	45.8	48.9
疫情带来的职业转型危机	计数	6393	784	263
	百分比	21.7	18.7	20.7
常常被催恋/催婚/催育	计数	614	1892	91
	百分比	2.1	45.1	7.1
习惯宅生活云生活，产生社交恐惧	计数	2040	1257	158
	百分比	6.9	29.9	12.4
角色多负担重，时间不够用	计数	11406	892	439
	百分比	38.6	21.2	34.5
对身体或心理健康担忧	计数	10562	1473	544
	百分比	35.8	35.1	42.7
孩子教育/老人生病/夫妻矛盾等家庭生活压力	计数	13553	278	522
	百分比	45.9	6.6	41.0
其他	计数	776	186	34
	百分比	2.6	4.4	2.7

2. 低学历女性面临的不确定性带来的经济压力和转型危机更大

从被调查女性的学历水平来看，疫情对较低学历女性的工作影响
更大。大专及以下的被调查女性面临"不确定性带来的经济压力"
明显高于本科及以上学历的女性。与此同时，高中/中专/技校、初中

及以下女性选择"疫情带来的职业转型危机"的比例也较大，分别占 32.0%、35.7%（见表 16）。

本科及以上学历被调查女性深感"工作和家庭难平衡""角色多负担重，时间不够用"。这一现象折射出职场女性的现实处境：一方面，女性在工作中承担着与男性同样的压力；另一方面，她们在家庭中承担更多家务。这样的"双重角色"构成了对女性的"双重压力"。

表 16 不同学历水平被调查女性的压力来源

单位：次，%

压力	类别	初中及以下	高中/中专/技校	大专	本科	硕士及以上
工作和家庭难平衡	计数	1923	2278	3333	7139	950
	百分比	34.9	40.9	44.6	48.9	51.8
职场内卷导致竞争加剧	计数	152	314	999	3796	710
	百分比	2.8	5.6	13.4	26.0	38.7
不确定性带来的经济压力	计数	2492	2742	3707	5857	623
	百分比	45.2	49.3	49.6	40.1	34.0
疫情带来的职业转型危机	计数	1969	1780	1707	1814	170
	百分比	35.7	32.0	22.8	12.4	9.3
常常被催恋/催婚/催育	计数	49	71	487	1687	303
	百分比	0.9	1.3	6.5	11.5	16.5
习惯宅生活云生活，产生社交恐惧	计数	249	351	785	1833	236
	百分比	4.5	6.3	10.5	12.6	12.9
角色多负担重，时间不够用	计数	1118	1570	2628	6607	815
	百分比	20.3	28.2	35.1	45.2	44.4
对身体或心理健康担忧	计数	1455	1625	2480	6248	771
	百分比	26.4	29.2	33.2	42.8	42.0

续表

压力	类别	初中及以下	高中/中专/技校	大专	本科	硕士及以上
孩子教育/老人生病/夫妻矛盾等家庭生活压力	计数	2214	2249	3091	6092	708
	百分比	40.2	40.4	41.3	41.7	38.6
其他	计数	193	185	206	362	50
	百分比	3.5	3.3	2.8	2.5	2.7

（二）以自我疏导和健康生活方式调节压力

调查表明，在节奏快、竞争大的城市生活中，女性应对压力的主动性和能动性越来越强，她们通过自我疏导、向专业心理医生和机构咨询、借助社交媒体和社群活动，以及灵活运用培养兴趣爱好、健身等自助减压方式，更好地掌控自我，应对压力。

被调查女性选择的解压方式主要为：调整心态，保持乐观良好情绪，实现"自我疏导，与压力和解"（61.9%）；保持健康生活方式，通过"听音乐、阅读、追剧等"（52.2%）、"户外运动、体育锻炼"（44.9%）等减压；保持良好的人际关系，例如"跟家人或亲朋好友倾诉"（49.3%）、"参加公益志愿活动、社群活动"（17.7%）；向外界寻求帮助，"看心理医生，接受专业治疗"（1.8%）、"下载心理App，线上咨询求助"（1.5%）。

但是，调查也发现，仍有部分被调查女性（5.6%）面临压力却没有找到合适的减压方式（见图19）。需要指出的是，被调查女性子女数量越多，其表示没有找到合适减压方式的比例越高，她们亟须获得更多心理关爱和帮扶。

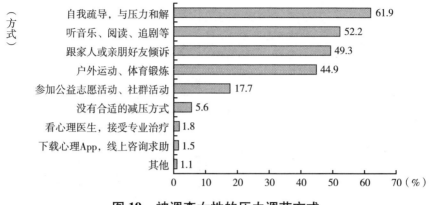

图19 被调查女性的压力调节方式

六 业余生活：陪伴家人、美化家庭、自我提升

调查显示，女性的闲暇时间多用于与家庭有关的事务。其中，用于"陪伴孩子和家人"的比例最高（69.3%）；其次是"美化家居、收纳整理、做家务等"（57.5%）；位居第三的是自我发展，即通过"读书、听课等自主学习，提升新技能"（30.5%）。此外，被调查女性也将闲暇时间用于娱乐及社会交往活动，主要包括"和朋友聚会，逛街、逛公园，看电影、看脱口秀等"（25.5%）、"玩手机、打游戏、刷剧等，享受'云生活'"（25.2%）、"体育健身、参与冰雪运动"（12.0%）和"去各种网红场所，如书店、餐厅、景点等打卡"（6.4%）。

近年来，参加公益活动服务社会的女性也越来越多。调查显示，被调查女性选择在闲暇时间"参与志愿服务、公益活动"的占比为15.0%（见图20）。她们积极弘扬巾帼志愿服务精神，奉献社会、服务他人、助人为乐。

（一）未婚女性业余时间更多用于享受生活

在被调查女性的闲暇时间里，未婚女性选择"玩手机、打游戏、刷

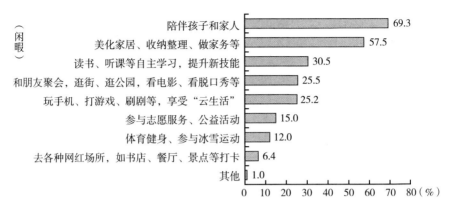

（闲暇）

图20　被调查女性的闲暇生活

剧等，享受'云生活'"占了近七成，"和朋友聚会，逛街、逛公园，看电影、看脱口秀等"占62.4%，选择"读书、听课等自主学习，提升新技能"和"去各种网红场所，如书店、餐厅、景点等打卡"的比例较之处于其他婚姻状态的被调查女性也更高，分别占比44.7%、21.8%。

已婚被调查女性则把闲暇时光奉献给了家庭和孩子，她们中76.6%的选择"陪伴孩子和家人"，近六成在业余时间"美化家居、收纳整理、做家务等"。而离异/丧偶被调查女性在闲暇时间选择"参与志愿服务、公益活动"的占比20.5%（见表17）。

表17　不同婚姻状态被调查女性的闲暇生活

单位：次，%

闲暇时间	类别	已婚	未婚	离异/丧偶
陪伴孩子和家人	计数	22610	841	780
	百分比	76.6	20.0	61.3
美化家居、收纳整理、做家务等	计数	17618	1789	709
	百分比	59.7	42.6	55.7
玩手机、打游戏、刷剧等，享受"云生活"	计数	5772	2796	250
	百分比	19.6	66.6	19.7

闲暇时间	类别	已婚	未婚	离异/丧偶
读书、听课等自主学习,提升新技能	计数	8388	1876	399
	百分比	28.4	44.7	31.4
和朋友聚会,逛街、逛公园,看电影、看脱口秀等	计数	5990	2619	328
	百分比	20.3	62.4	25.7
去各种网红场所,如书店、餐厅、景点等打卡	计数	1279	917	61
	百分比	4.3	21.8	4.8
体育健身、参与冰雪运动	计数	3398	633	178
	百分比	11.5	15.1	14.0
参与志愿服务、公益活动	计数	4644	340	261
	百分比	15.7	8.1	20.5
其他	计数	268	60	24
	百分比	0.9	1.4	1.8

（二）高学历女性自我意识更强，充电、享受两不误

调查显示，在不同学历水平被调查群体中，学历水平越高，选择"读书、听课等自主学习，提升新技能"的被调查女性的比例越大；硕士及以上女性选择"读书、听课等自主学习，提升新技能"的比例最高，为45.7%。学历水平越高的女性，越能意识到自我提升的重要性，她们更倾向于在闲暇时间给自己充电，以应对职场中激烈竞争和疫情带来的不确定性。

硕士及以上被调查女性选择"玩手机、打游戏、刷剧等，享受'云生活'"、"和朋友聚会，逛街、逛公园，看电影、看脱口秀等"和"去各种网红场所，如书店、餐厅、景点等打卡"的比例相较其他学历水平被调查女性群体均更高。这也说明高学历女性学习成长之余同样有意愿和条件去追求、享受品质生活。

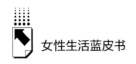

初中及以下被调查女性的闲暇时间则主要用来陪伴家人和孩子，所占比例最大。同时，她们也热衷于参加志愿服务、公益活动，服务社会的同时自己也获得精神上的满足（见表18）。

表18　不同学历水平被调查女性的闲暇生活

单位：次，%

闲暇时间	类别	初中及以下	高中/中专/技校	大专	本科	硕士及以上
陪伴孩子和家人	计数	3921	3875	5120	10082	1233
	百分比	71.2	69.6	68.5	69.0	67.2
美化家居、收纳整理、做家务等	计数	2894	3371	4285	8520	1047
	百分比	52.5	60.6	57.3	58.3	57.0
玩手机、打游戏、刷剧等，享受"云生活"	计数	601	856	1996	4680	684
	百分比	10.9	15.4	26.7	32.0	37.3
读书、听课等自主学习，提升新技能	计数	871	1378	2148	5429	838
	百分比	15.8	24.8	28.7	37.2	45.7
和朋友聚会、逛街、逛公园，看电影、看脱口秀等	计数	563	951	2195	4574	653
	百分比	10.2	17.1	29.4	31.3	35.6
去各种网红场所，如书店、餐厅、景点等打卡	计数	60	159	595	1234	209
	百分比	1.1	2.9	8.0	8.5	11.4
体育健身、参与冰雪运动	计数	407	550	873	2090	289
	百分比	7.4	9.9	11.7	14.3	15.8
参与志愿服务、公益活动	计数	1058	1309	1190	1530	158
	百分比	19.2	23.5	15.9	10.5	8.6
其他	计数	76	46	53	148	29
	百分比	1.4	0.8	0.7	1.0	1.6

（三）闲暇时光新选择：参与冰雪运动

过去，滑冰、滑雪等冰雪运动受季节、地域、成本等因素的限制，一直属于小众运动。随着 2022 年北京冬奥会的推动，冰雪运动普及与产业发展迎来新机遇，我国冰雪运动也逐渐走上了全民化、大众化的道路。《"带动三亿人参与冰雪运动"实施纲要（2018～2022年）》提出，要大力推广普及群众性冰雪运动，助力建设"健康中国"，奋力实现"带动三亿人参与冰雪运动"目标。

本次调查结果显示，"体育健身、参与冰雪运动"已经成为不少被调查女性和家庭业余生活的新选择。东北地区被调查女性受益于地域优势，参与冰雪运动的占比最大，为 15.9%；其次是东部、西部地区，分别占 12.9%、11.0%；最后是中部地区，占 10.2%（见图 21）。

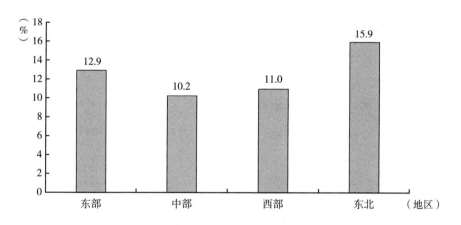

图 21 不同地区被调查女性参与冰雪运动的比例

综上，被调查女性的业余生活主要体现在陪伴家人、美化家庭、自我提升等方面。一些新兴的休闲方式也备受女性垂青，如"参与冰雪运动""享受'云生活'"等，女性和家庭的生活越来越丰富多

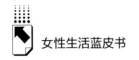

彩。调查发现，未婚被调查女性将业余时间更多用于玩乐消费，已婚被调查女性则大多把闲暇时光留给了家庭和孩子；随着学历水平的提高，更多被调查女性选择在闲暇时光给自己"充电"。

七 2021年度生活总体满意度较高，家庭生活满意度最高

2021年女性生活满意度调查与评价沿用了历年评价指标及计算方法，并进一步将收入指标拆分为个人收入和家庭收入两个指标。因此，2021年度生活满意度评价指标包括身心健康、生活幸福感、工作状况、家庭生活（包括家庭关系、生活质量等）、居住环境（包括住房条件、社区生活等）、个人收入、家庭收入七个方面。每项指标最高10分，最低1分。经过对各个指标加权计算，2021年城市女性生活总体满意度为7.40分（总分10分，下同），略低于2019～2020年的7.70分，但总体水平仍在高位。

从单项指标来看，被调查女性对家庭生活的满意度最高，为7.97分；其次是生活幸福感，为7.89分；第三是身心健康满意度，为7.71分；第四是居住环境满意度，为7.62分；第五是工作状况满意度，为7.52分。被调查女性对个人收入和家庭收入两项指标的满意度相对较低，分别为6.38分和6.56分。相比于个人收入，她们对家庭收入的满意度更高（见图22）。

（一）已婚被调查女性生活幸福感较高

在不同婚姻状态被调查女性中，已婚群体的生活幸福感分值最高，为7.97分（总分10分，下同）；未婚居其次，为7.56分；离异和丧偶等婚姻变故均会导致女性的幸福感下降，平均分值分别为7.03分和6.95分（见图23）。

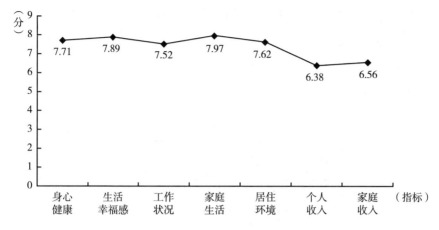

图 22　被调查女性生活满意度

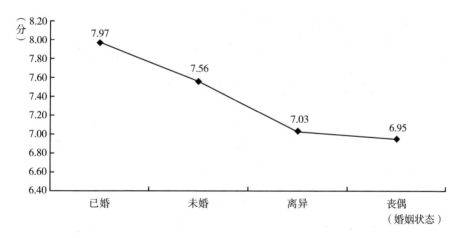

图 23　不同婚姻状态被调查女性的生活幸福感

（二）不同职业/身份被调查女性生活满意度有所不同

1. 身为退休人员、公务员和事业单位人员的被调查女性的生活幸福感较高

对于不同职业/身份被调查女性，退休人员的生活幸福感分值最高，为 8.20 分（总分 10 分，下同）；公务员和事业单位人员的生活

幸福感分值居第二位，均为 8.00 分；社区工作者居第三，为 7.98 分；群团组织人员居第四，为 7.90 分；自主创业人员居第五，为 7.89 分。生活幸福感最低的两类被调查女性分别是新就业群体人员（7.70 分）和农民/进城务工人员（7.69 分）（见图 24）。

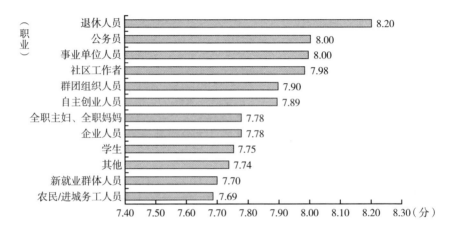

图 24　不同职业/身份被调查女性的生活幸福感

2. 全职主妇、全职妈妈的家庭收入满意度偏低，新就业群体人员和农民/进城务工人员的个人收入满意度低

被调查女性中大多数对家庭收入的满意度高于对个人收入的满意度。值得关注的是不同职业/身份被调查女性群体中，全职主妇、全职妈妈（她们靠着兼职、理财等有一些收入来源）和农民/进城务工人员，对家庭收入的满意度较低，分别得分为 5.94 分和 5.84 分，甚至低于她们对个人收入的满意度（见图 25）。此外，新就业群体人员对个人收入的满意度最低，为 5.65 分。

（三）东部地区被调查女性生活满意度较高

进入新时代，我国社会主要矛盾发生历史性变化，妇女群众对美好生活的需求日益广泛，妇女发展的不平衡不充分问题仍然可见。

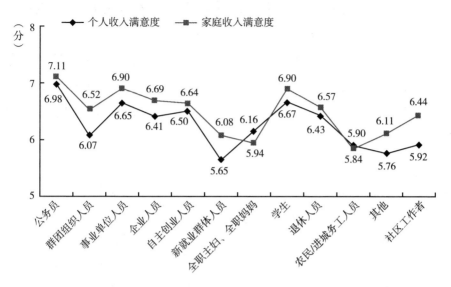

图 25   不同职业/身份被调查女性的收入满意度

从不同地区的被调查女性来看，东部地区被调查女性的生活满意度分值最高，为 7.64 分；中部地区女性的生活满意度分值居第二位，为 7.32 分；东北地区第三，为 7.19 分；西部居第四，为 7.05 分（见图 26）。

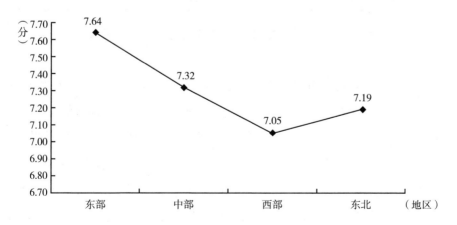

图 26   不同地区被调查女性的生活满意度

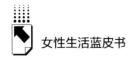

在具体的指标中，东部地区被调查女性在身心健康、生活幸福感、工作状况、家庭生活、居住环境、个人收入、家庭收入七个方面的满意度均排第一位；中部地区女性除工作状况外，其他方面的满意度均高于东北地区和西部地区；西部地区女性除身心健康满意度略高于东北地区外，其余六个方面均为最低（见图27）。

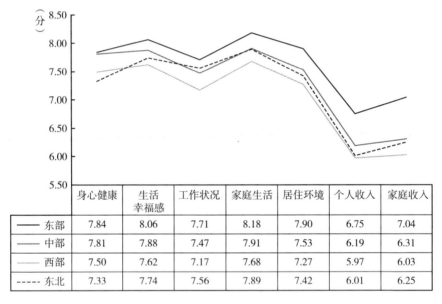

	身心健康	生活幸福感	工作状况	家庭生活	居住环境	个人收入	家庭收入
东部	7.84	8.06	7.71	8.18	7.90	6.75	7.04
中部	7.81	7.88	7.47	7.91	7.53	6.19	6.31
西部	7.50	7.62	7.17	7.68	7.27	5.97	6.03
东北	7.33	7.74	7.56	7.89	7.42	6.01	6.25

图27 不同地区被调查女性各项生活状况满意度

总体来看，被调查女性的家庭生活满意度较高、生活幸福感较强，但是家庭收入满意度相对较低。调查发现，在不同婚姻状况的被调查女性中，已婚群体的幸福感分值最高，为7.97分。在不同职业/身份的被调查女性中，身为退休人员、公务员和事业单位人员的女性的生活幸福感最高，全职主妇、全职妈妈对家庭收入的满意度偏低，新就业群体人员和农民/进城务工人员对个人收入的满意度低。不同地区被调查女性的生活满意度差异较大，东部地区女性的生活满意度最高，西部地区女性生活满意度最低。妇女因为区域发展的不平衡以及多种交叉因素影响而呈现的发展不充分问题仍然明显。

八 结论

2021 年是党和国家历史上具有里程碑意义的一年。中国共产党成立一百周年，经过全党全国各族人民持续奋斗，我们实现了第一个百年奋斗目标，全面建成了小康社会。在向着实现第二个百年奋斗目标迈进的进程中，中国共产党带领各族人民，沉着应对百年变局和世纪疫情，努力构建新发展格局，高质量发展取得新成就，2021 年全年主要目标任务较好完成，实现了"十四五"良好开局。本次调查印证了党领导下的中国妇女事业在"十四五"开局之年展现的新气象、取得的新成就，彰显了女性的"半边天"力量。

（一）思想政治状况良好，奋斗新征程、建功新时代

2021 年 9 月，国务院印发的《中国妇女发展纲要（2021～2030年）》中特别在妇女与教育领域设置"加强思想政治教育"的目标，在妇女与环境领域设置"提高妇女的思想政治意识"的目标，旨在增强妇女对习近平新时代中国特色社会主义思想的政治认同、思想认同、情感认同，引领妇女做伟大事业的建设者、文明风尚的倡导者、敢于追梦的奋斗者。

新时代女性从党的百年奋斗历程和伟大成就中汲取智慧和力量，继承党的光荣传统和优良作风，更加坚定信念、努力奋斗。被调查女性对"中国共产党成立一百周年"印象深刻的比例最高。积极参与党史学习教育、"四史"宣传教育，八成以上被调查女性表示从《觉醒年代》《长津湖》等优秀文艺作品中感悟到百年党史中蕴含的智慧和力量。被调查女性牢记习近平总书记谆谆嘱托，把习近平总书记的

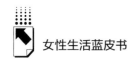

鼓励关怀化为奋斗新征程、建功新时代的动力，以巾帼不让须眉的豪情，奋勇争先。近七成女性表示在争做建设者倡导者奋斗者方面做得很好，展现了新时代女性风采。值得一提的是，"80后""90后""00后"青年女性在思政学习、素养提升方面表现得更积极。新时代为广大青年提供了施展才华的广阔舞台和大好机遇，青年女性必将大有可为、大有作为，为民族复兴铺路架桥，为祖国建设添砖加瓦，为全面建设社会主义现代化强国而努力奋斗。

（二）就业形式多元化，打破工作与生活边界

面对百年变局和世纪疫情相互叠加的复杂局面，经济发展环境的复杂性、严峻性、不确定性上升。新发展理念融入发展各环节，中国经济正在向形态更高级、分工更复杂、结构更合理的阶段演化。经济社会结构的重大调整改变着妇女群体的就业形态和工作方式。

本次调查结果显示，城市女性的就业形式呈现多样化态势。被调查女性中超半数具有稳定工作，在政府部门、事业单位、企业就职，她们中大多数期望工作更有活力，能有更大的成长和发展空间。而另一部分被调查女性在积极尝试，寻求突破和转型，选择灵活就业、自主创业等新的工作方式。她们中有的通过开公司、做电商实现自主创业，有的选择了网络主播、网约车司机、快递员等职业。值得注意的是，全职主妇、全职妈妈的占比较高，超过了10%。然而她们并没有完全退出职场，有近四分之一通过从事自由职业，做到兼顾工作与家庭。数字经济信息技术的发展打破了时间和空间的区隔，使工作与生活边界变得模糊，为女性发展带来新机遇。

（三）在闲暇时光享受家庭生活，新兴休闲方式受垂青

闲暇生活的丰富多彩是女性及家庭生活品质和精神状态向好的重要体现。近七成被调查女性闲暇时间"陪伴孩子和家人"，愿意花时

间"美化家居、收纳整理、做家务等"。可以说，家庭幸福是女性幸福重要的来源之一。本次调查结果也显示，婚姻中的女性幸福感最高。随着三孩生育政策实施，被调查者有四分之一憧憬"多口之家共享天伦、幸福加倍"。

被调查女性所拥有的自由支配时间越多、休闲活动越多样化，越享受"美好生活"。互联网丰富了女性的生活方式，根据我国互联网络信息中心发布的第 49 次《中国互联网络发展状况统计报告》，截至 2021 年 12 月，我国网民规模达 10.32 亿，较 2020 年 12 月增长 4296 万，互联网普及率达 73.0%；其中女性网民占比达到 48.5%，40 岁以下的网民占整体的 54.8%。被调查女性不仅通过"玩手机、打游戏、刷剧等，享受'云生活'"，还会"去各种网红场所，如书店、餐厅、景点等打卡"。"下载心理 App，线上咨询求助"也成为女性面临压力时重要的调节方式之一。

在闲暇时间能从事更多有益于身心健康、有益于自我实现的活动，是实现妇女全面发展的重要方式。"参与冰雪运动"成为城市女性和家庭闲暇时光的新选择。还有被调查女性利用闲暇时间主动"参与志愿服务、公益活动"，传递满满的正能量。

（四）家事变国事，弘扬家庭文明新风尚

家庭是社会的基本细胞。家庭的前途命运同国家和民族的前途命运紧密相连。家庭教育促进法审议通过，"三孩""双减"等政策在 2021 年相继出台，将家事上升为国事，家庭建设越来越得到重视；注重家庭、注重家教、注重家风，使千千万万个家庭成为国家发展、民族进步、社会和谐的重要基点，在全社会推动形成爱国爱家、相亲相爱、向上向善、共建共享的社会主义家庭文明新风尚。本次调查结果显示，超半数被调查女性对家庭教育促进法出台、三孩生育政策及"双减"政策实施等与家庭密切相关的大事感受深刻。

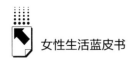

被调查女性在家庭家教家风建设的方方面面发挥着重要作用。近八成被调查女性认为自身在社会生活和家庭生活中发挥独特作用、在和谐家庭建设中做得很好。近七成被调查女性积极建设平等和谐的家庭关系，鼓励和引导丈夫及其他家庭成员通过共建共享来塑造美好家庭；在家庭教育方面，近六成被调查女性"更注重孩子的品德教育"，落实立德树人根本任务；在家风传承方面，近五成被调查女性感到"家风渗透在言传身教和日常生活中"。家庭、家教、学风建设领域的新变化有利于促进妇女全面发展、儿童健康成长、家家幸福安康。

（五）家庭幸福、工作稳定是女性幸福感的重要来源

随着时代发展和社会进步，人民对美好生活的向往更加强烈。本次调查将被调查女性的生活满意度具体通过身心健康、生活幸福感、工作状况、家庭生活（包括家庭关系、生活质量等）、居住环境（包括住房条件、社区生活等）、个人收入、家庭收入七个方面的满意度作为二级指标予以综合评价。调查结果表明，被调查女性普遍感到生活幸福，生活幸福感平均达到 7.89 分，对生活总体满意度为 7.40 分。具体而言，其对家庭生活（包括家庭关系、生活质量等）的满意度最高，为 7.97 分。被调查女性对身心健康、居住环境（包括住房条件、社区生活等）也普遍感到满意。

家庭幸福是女性幸福最重要的来源之一。调查显示已婚被调查女性比离异/丧偶女性的生活幸福感高出近 1 分。工作体面、收入稳定对女性的生活满意度也很重要。被调查女性中，身为公务员和事业单位人员、退休人员的女性的幸福感均超过 8 分，明显高于新就业群体人员（7.70 分）和农民/进城务工人员（7.69 分）。不同地域被调查女性在对生活质量的总体感受方面存在差距，东部地区女性的生活满意度分值为 7.64 分，高出平均值 0.24 分。东部地区被调查女性半数具有稳定工作，高收入女

性、中高收入女性占比明显高于其他地区，分别比全国平均水平高出7.10个百分点和13.40个百分点。

九　思考及建议

综合本次调查的主要结论，提出如下建议。

（一）坚持分众化、差异化、精准化，强化思想政治引领

本次调查显示，妇女群体思想政治状况良好。她们奋进新征程，建功新时代，但也存在一些问题。部分被调查女性在关心时政、重视理论学习、提高思想政治素养方面自认为做得不够，有待加强学习与提升。为适应妇女不同群体差异性的需求，本报告建议在思想政治引领的内容和方式上，坚持分众化、差异化策略，结合不同妇女群体的所想所需，通过精准服务实现凝聚妇女的目标。

一是进一步发挥妇联组织职能，做好对广大妇女的引领服务联系工作。妇联组织作为党联系妇女的桥梁和纽带，要把思想引领做得更精准，把服务抓得更扎实，不断增强政治性先进性群众性；进一步激活基层妇联执委深度参与妇联工作的内生动力，盘活基层妇联组织建设资源；群众工作群众做，把引领服务联系做在平常、抓在经常、落到基层；将切实提升妇女群众的获得感和提升妇女群体的思想政治素养相结合。

二是积极创新引领方式，增强引领效果。随着全媒体时代的到来，网络平台成为妇女接触外界信息的重要途径，影响着妇女的思想观念和行为模式。这种传播环境一方面为提升妇女思想政治水平提供了机遇，另一方面也对妇女的思想政治引领工作提出了挑战。要在充分了解妇女生活状况和不同群体妇女需求的基础上，用丰富的思想资

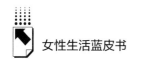

源和鲜活的典型案例，以妇女喜闻乐见的分众化、差异化、精准化的方式，达到思政引领的目的。

（二）落实就业优先战略，加强对灵活就业女性权益的保护

就业是民生问题，更是发展问题。本次调查发现，一些被调查女性"难以找到稳定工作"（7.7%）、"未工作"（7.6%）。在推动高质量发展中应强化就业优先导向，落实落细稳就业举措；努力扩大就业容量，促进经济发展与扩大就业的良性循环；促进中小微企业发展，为各类市场主体稳岗扩岗提供支持，发挥其女性就业的主渠道作用；深化"创业创新巾帼行动"，鼓励女性转变就业观念，推动女性自主创业，以创业带动就业。

调查结果显示，社区工作者面临收入不稳定的压力，她们"用爱好和特长赚钱，但不稳定不持久"（2.7%）；新就业群体人员相较于其他职业/身份群体人员对个人收入的满意度偏低。灵活就业形式带来女性兼顾工作与家庭、缩小性别收入差距等机遇的同时，也可能进一步加剧"女性就业兼职化"趋势。由于女性承担着大量家务劳动，特别是受生育和养育子女影响，女性选择"兼职化就业"打零工的现象较多。应该着力保障灵活就业人员职业发展、劳动报酬、社会保障等方面的权益，提升就业质量，真正使新兴职业成为改善女性就业质量的重要渠道。

（三）提高女性数字素养，使其更好融入数字时代

女性在业余生活中，通过网络看新闻、追剧、购物等，享受丰富"云生活"的同时，也可能受到长期"宅生活"的困扰。本次调查结果显示，未婚被调查女性中选择"玩手机、打游戏、刷剧等，享受'云生活'"的比例为66.6%，而这一群体中29.9%的人习惯宅生活、云生活，产生社交恐惧。

互联网、大数据和人工智能等技术的普遍应用，构筑了一个数字化的信息空间，改变了女性的生活方式。从社交、娱乐、购物到出行，女性越来越多地借助各种网络平台。她们的注意力和行为数据也成为数字技术持续获取的目标，这一趋势不仅产生了隐私保护、信息茧房、大数据杀熟、算法歧视与陷阱等问题，还造成了女性注意力缺失、游戏与短视频成瘾等心理与行为失调。应对数字化时代的挑战，需要提升女性的数字素养和自我调适能力。

一是社会、企业应通过制度安排、产品设计和服务规范，在数字技术研究与应用的各个环节考虑到可持续发展、公众利益优先等重要因素；对平台垄断、侵害用户权益等行为开展治理，实现数字化时代的协同治理。

二是提升女性数字素养是促进女性全面发展的有效措施。需要注意两点：一要使女性能够区分仿真世界和现实世界的复杂关系，让数字娱乐和虚拟生活成为其现实生活的补充，进而使其借助虚拟生活改善现实生活的质量，让数字技术服务于现实所需；二要使女性能够在数字生活实践中反思数字技术对自身认知与行为的影响，学会自我调适、适度节制，让自己掌握信息获取和遨游数字世界的主动权，而不是被碎片信息所淹没，甚至沉溺于数字娱乐不能自拔。女性只有正确应对数字化时代带来的挑战，才能成为数字化时代的主人，而不是被数字和算法所驱使。

（四）构建高质量家庭服务体系，提升妇女及家庭的获得感、幸福感、安全感

随着家庭规模、家庭结构出现新变化新特征，家庭建设面临着新情况新问题。一系列与家庭密切相关的法规政策的出台对家庭家教家风建设、对妇女儿童的发展提出了新的要求。本次调查发现，三孩生育政策实施后64.3%的被调查女性感到"压力增大，育儿负担变重，

矛盾多了"，近四成女性认为"老人帮忙带娃有利有弊，家庭关系变复杂"；在"双减"政策和家庭教育促进法出台后，有22.8%的被调查女性感到"新变化带来新困惑，有时感到力不从心"，急需科学的家庭教育指导服务。

一是要积极推动家庭教育指导服务体系建设，满足家庭教育需求。如何做好家庭教育成为家长们心中的难题，他们渴望得到正规、科学的家庭教育指导服务。调查显示，50.5%的被调查女性急需"家庭教育指导服务"。要构建高质量家庭服务体系：一要推动家庭教育促进法的贯彻实施，使其深入妇女、落到家庭；二要激活家庭主动性，调动父母积极性，突出家长主体责任。应加强宣传普及、指导服务和实践引导，送法到家到父母身边，教会家长科学教子的方法，把法规转化为家长的自觉行动。

二是要加强高品质的家政、托育养老服务供给，完善生育政策的配套措施，减轻家庭生育、养育、教育负担。本次调查结果表明，23.2%的被调查女性期盼"职业化、规范化、高质量的家政服务"；20.3%的被调查女性及家庭急需"智能看护、陪聊、陪诊等养老服务"；15.7%的被调查女性有"0~3岁普惠托幼服务，单位/社区开办托儿所"的需求。政府和社会必须整合资源，提供多样化的照护服务，满足不同家庭对家政、托育养老服务的需求。

除了以上思考与建议外，本次调查也发现以下几点需要关注。

（1）需要进一步关注疫情对城市女性生活的影响。全球新冠肺炎疫情尚未结束，疫情给妇女就业、权益保护等带来的影响，进一步给城市女性群体生活质量的持续提高带来挑战。疫情期间当家庭成为家庭成员活动的主要场所，家庭内的性别分工却并没有发生变化时，女性承担的家庭照料负担会增加。本报告提出的提升城市女性生活质量的建议，希望有助于减轻疫情给妇女带来的负面影响，提高妇女群体应对不确定性生活的韧性与能力。

（2）需要注意妇女的生活总体满意度仍存在群体差异。不同区域受经济社会发展不平衡的影响，妇女生活满意度有所差异。不同妇女群体内部也呈现较大的差别，特别是处于弱势群体的女性在就业、收入、婚姻家庭等诸多方面的保障依然面临现实困难。要切实解决妇女发展不平衡不充分问题，根据新发展阶段的新要求，更加精准地贯彻新发展理念，让发展成果更多更公平惠及不同区域不同妇女群体，推动妇女事业和经济社会实现同步发展。

执笔：刘萍，中国妇女杂志社副总编辑、《婚姻与家庭》杂志总编辑，华坤女性生活调查中心理事长，编审，哲学学士，中国科学院心理研究所婚姻家庭专业研究生。

魏开琼，中华女子学院妇女发展学院院长、教授、硕士生导师，博士；主要研究领域为妇女理论、妇女发展、妇女与公共政策、性别平等教育等。

聂真真，中华女子学院女性学系教师、硕士生导师，博士；主要研究领域为性别统计与公共政策、人口经济学等。

B.3

2021年中国城市女性及家庭
消费状况调查报告

华坤女性消费指导中心

摘　要： 对34990名女性的调查结果显示，91.7%的女性有自己的收入，过半家庭收入为6万（不含）~24万元。2021年，被调查女性及家庭在消费方面呈现新特征，"自觉绿色消费，购买节能环保产品"（45.4%）、"追求高品质生活，注重居家环境美化"（36.6%）、"支持国货，喜爱购买'国潮'品牌"（34.2%）位居前三。家庭育儿、住房、康养等成为家庭最大开支。常态化疫情防控下，女性及家庭外出旅游比例为58.3%，中短途游受垂青，红色亲子游成为热门选择。被调查女性及家庭对高质量家政服务、智能养老服务、0~3岁普惠托幼服务需求强烈。被调查女性注重自我或子女教育；买/租房、买/换新能源汽车等成为她们的消费期待。

关键词： 女性消费　家庭消费　消费观念　消费预期

2021年是"十四五"开局之年，站在新的历史起点上，全面贯彻新发展理念、构建新发展格局、立足新发展阶段，推动高质量发展，成为"十四五"乃至更长时期我国经济社会发展的主题。女性既是高质量发展的见证者，更是高质量发展的参与者、推动者，在社会生活和家庭生活中发挥了独特作用。

为充分了解城市女性及家庭的消费状况、消费预期，中国妇女杂志社、中国家庭文化研究会、华坤女性生活调查中心、华坤女性消费指导中心，共同开展了"2021年中国城市女性及家庭消费状况调查"。

按照国家统计局的《东西中部和东北地区划分方法》，调查重点抽取了10个省（自治区、直辖市）开展。随机抽取18~65岁的女性填答电子问卷。2022年3月14~26日，共回收37184份问卷，其中通过审核的有效问卷34990份，有效率为94.1%。由于各地区差异较大，对问卷进行了加权处理，以使调查结果更能客观反映实际情况。本调查与"第16次中国城市女性生活质量调查（2021年）"同卷开展。由于消费是女性及家庭生活状况的重要组成部分，因此本报告将消费作为独立篇章，深入进行数据分析并撰写报告。

一 被调查女性及家庭基本状况

（一）被调查女性的居住地区

被调查女性主要来自所抽取的20个城市，少量来自其他城市。总体来看，东部、中部、西部、东北地区被调查女性分别占44.0%、24.1%、24.3%和7.6%。这和根据"第七次全国人口普查"和《中国统计年鉴》测算的中国城镇女性人口地区分布比例基本一致。

（二）被调查女性的年龄及婚育状况

被调查女性的平均年龄为39岁。"90后""00后"分别占25.3%和1.3%，"70后""80后"分别占28.4%和36.0%，"60后""50后"分别占8.4%和0.5%。联合国世界卫生组织将人的一生分为

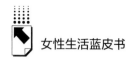
5个年龄段，即：44岁及以下为青年人，45岁至59岁为中年人，60岁至74岁为年轻的老人，75岁至89岁为老年人，90岁及以上为长寿老年人。综合这些标准可以看出，"70后""80后""90后""00后"这四个年龄段的中青年女性是本次调查的主要人群，占比超过九成（91.0%）。

被调查女性中，已婚女性占84.4%，未婚女性占12.0%，离异/丧偶占3.6%。

83.2%的被调查女性已生育。所有被调查女性中近一半育有一个子/女，占47.0%，生育两个孩子的占33.4%，生育三个孩子的占2.6%。

（三）被调查女性的学历及职业

大多数被调查女性受过良好教育，大专及以上学历的占68.3%；高中/中专/技校及以下学历的占31.6%。

本次被调查女性的就业领域呈现多样化特征。公务员、事业单位人员超过四成，占42.5%；企业人员占10.9%；群团组织人员占6.6%；社区工作者为3.8%。被调查女性中有一部分人选择灵活就业、自主创业等，新就业群体人员占2.2%，自主创业人员占3.8%。此外，全职主妇、全职妈妈占11.2%，退休人员占2.0%，学生占0.4%。本次调查针对的是在城市居住半年以上的女性，无论是城镇户籍还是农业户籍都可填答问卷，农民/进城务工人员占8.4%。

（四）被调查女性及家庭的收入状况

1. 超九成被调查女性有自己的收入

本次调查设计了关于女性的个人年收入问题，有六个选项："3万元及以下""3万（不含）～6万元""6万（不含）～12万元"

"12 万（不含）～18 万元""18 万元以上""没有收入"。调查结果显示，超九成（91.7%）被调查女性都有自己的收入。过半女性的年收入为 3 万（不含）～12 万元，占 52.3%；12 万元以上的占 7.6%；3 万元及以下的占 31.8%（见图 1）。

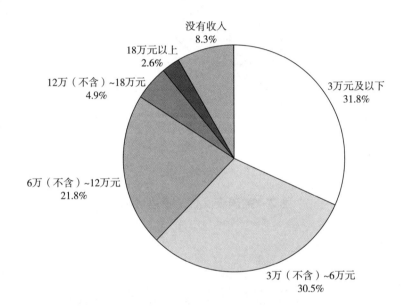

图 1　被调查女性的个人收入

2. 过半家庭收入为6万（不含）～24万元

本次调查设计了关于女性的家庭年收入问题，有七个选项："6 万元及以下""6 万（不含）～12 万元""12 万（不含）～18 万元""18 万（不含）～24 万元""24 万（不含）～30 万元""30 万（不含）～36 万元""36 万元以上"。调查结果显示，过半被调查女性的家庭年收入为 6 万（不含）～24 万元，占 53.5%；24 万元以上的占 11.2%；6 万元及以下的占 35.3%（见图 2）。

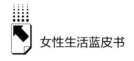

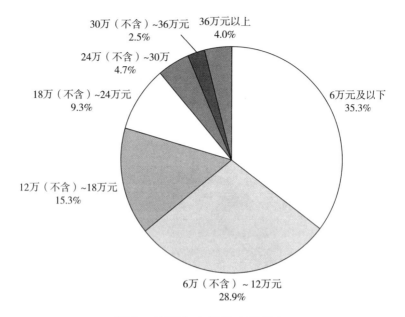

图 2　被调查女性的家庭收入

二　被调查女性及家庭的消费状况

（一）消费观念转变，女性及家庭消费呈现新特征

2021 年，被调查女性及家庭在消费方面呈现出新特征，按选择比例从高到低依次是："自觉绿色消费，购买节能环保产品"（45.4%）、"追求高品质生活，注重居家环境美化"（36.6%）、"支持国货，喜爱购买'国潮'品牌"（34.2%）、"医疗、健身等健康消费增加"（25.3%）、"购书、看电影、看展览等精神消费增加"（19.1%）、"升级厨具，更享受在家烹饪的乐趣"（14.9%）、"悦己消费增多，更重视消费体验"（11.7%）、"买卖二手物品、以旧换新，消费更理性、更节约"（10.8%）（见图 3）。

（变化）

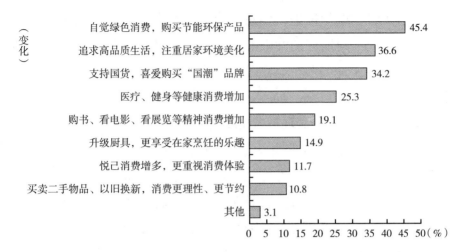

图3　被调查女性及家庭的消费新特征

被调查女性及家庭在消费方面的这些新特征，反映了她们的生活态度与消费主张。选择更高品质的产品、服务和更好的消费体验，成为她们的共同追求。

1. 环保意识强，为绿色消费买单

争做环保、"双碳"践行者，积极参与绿色消费，被调查女性及家庭的绿色消费意识强烈。"自觉绿色消费，购买节能环保产品"这一选项的占比最高，为45.4%。可以看出，被调查城市女性及家庭高度认同绿色生活理念，低碳环保的消费模式和生活方式已走进她们衣食住行的方方面面；在选购商品特别是婴幼儿物品时更倾向健康安全、无添加、无污染、无农残的环保产品。同时女性也崇尚绿色低碳的生活方式，如自带购物袋、使用可降解商品、绿色出行、绿色装修、垃圾分类等。

在本次调查的20个主要城市中，不同地区被调查女性及家庭愿意为绿色消费买单。在"自觉绿色消费，购买节能环保产品"这一选项，东部地区占比最高，为47.5%；中部地区占比44.8%；西部地区占比43.2%；东北占比41.9%。选择比例均超过40%，说明

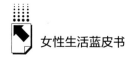

随着生态文明建设的推进，创新、协调、绿色、开放、共享新发展理念的贯彻，不同地区的女性及家庭对节约适度、绿色低碳、可持续消费观的认同度提高，对绿色产品的需求程度更高、消费力更强。

2. 美化居家环境，实现更高品质追求

城市女性及家庭追求生活环境的美观和舒适，注重居家环境的美化，居住品质升级。"美"，成为实现"品质居住"的重要标志之一。36.6%的被调查女性认为，"追求高品质生活，注重居家环境美化"是自己及家庭在2021年的消费新变化。城市女性主动追求布局美、环境美、生活美，带领家庭成员共同建设整洁舒适健康的居家环境，实现家居品质的升级，与此相关的消费意愿也更强。

中青年女性更注重品质居住。在"追求高品质生活，注重居家环境美化"这一选项，"70后""80后"被调查女性的选择比例分别为33.5%和36.9%，"90后""00后"分别为41.7%和41.1%（见图4）。显示出中青年女性在努力奋斗之余，追求高品质生活的意愿也更加强烈，对居家环境的要求更高。

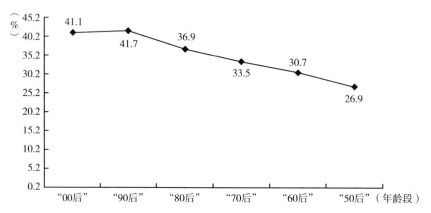

图4 不同年龄段被调查女性追求高品质生活、注重居家环境美化情况比较

3. 升级厨具，享受在家烹饪的乐趣

常态化疫情防控背景下人们的居家时间多了，为了让自己或家人吃得更精致更健康，城市女性注重升级厨具，愿意尝试自己做饭，在柴米油盐中享受生活情趣，自得其乐。14.9%的被调查女性表示，"升级厨具，更享受在家烹饪的乐趣"是2021年的消费新变化。集成灶、蒸箱、烤箱等配置一键开启，精致、智能的新一代厨房俘获了城市女性的心。她们不仅体验制作精致、健康餐食带来的乐趣，也让自己在高强度工作之余释放压力，生活满足感不断升级。

4. "悦己"消费，注重文化品位与精神富足

随着"悦己"消费深入内心，女性更重视消费体验。11.7%的被调查女性表示，"悦己消费增多，更重视消费体验"是自己及家庭在2021年的消费新变化。美好生活的体验尤其体现在日常生活细节里，城市女性愿意花钱优化体验。她们在意那些代表"消费升级"的商品特质，例如质量、健康、颜值等，以获得更好的体验。

城市女性及家庭需要被满足的不仅是更好的购物体验，还有精神文化层面的需求。19.1%的被调查女性认为，"购书、看电影、看展览等精神消费增加"是自己及家庭在2021年的消费新变化。她们愿意花钱提升文化品位，实现精神富足。

高学历女性更注重精神文化生活。随着学历水平升高，在"悦己消费增多，更重视消费体验"和"购书、看电影、看展览等精神消费增加"这两个选项上，不同学历水平被调查女性群体认同的比例均上升（见图5）。由此可见，多年的受教育经历让高学历女性更关注精神生活，更懂得宠爱自己，注重有情调、有氛围的消费体验；工作之余，她们通过阅读、观影、看各种展览等来充实自己，更愿意为美好的生活品质去买单。

中青年女性更因精神文化生活而"悦己"。在"悦己消费增多，更重视消费体验"这一选项，"70后""80后"被调查女性群体的选

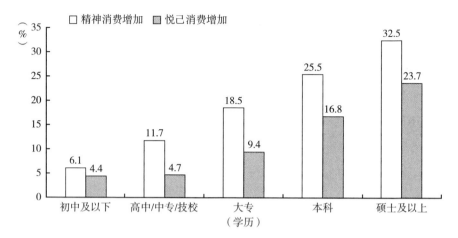

图5 不同学历水平被调查女性群体精神消费、悦己消费增加情况比较

择比例分别为 7.5% 和 12.0%；"90 后""00 后"选择比例分别为 17.7% 和 17.2%；在"购书、看电影、看展览等精神消费增加"这一选项，"70 后""80 后"被调查女性群体的选择比例分别为 13.9% 和 23.0%；"90 后""00 后"选择比例分别为 23.1% 和 24.6%（见图 6）。调查结果表明，中青年女性更注重精神文化生活，借此进行心理赋能，疏导情绪，缓解生活压力，提高生活质量。

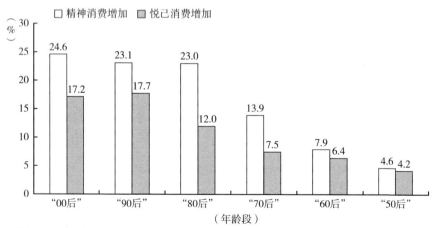

图6 不同年龄段被调查女性群体精神消费、悦己消费增加情况比较

5. 热衷国货，追求国风、'国潮'

原创设计和自主创新让"国潮"品牌全线崛起，品类更加多元。国货变身为时尚标识，吸引了城市女性及家庭，成为她们的新宠儿。本次调查显示，34.2%的被调查女性及家庭认为，"支持国货，喜爱购买'国潮'品牌"是2021年的消费新变化。可以看出，文化自信使得城市女性及家庭乐于追逐"国潮"，她们推崇传统美学，热爱传统文化，对国风的认同感增强。购买"国潮"品牌已经成为她们的新选择，新国货以过硬的品质和独特的创意受到她们的垂青，愿意为兼顾"好看"、"有趣"和实用的国产品牌买单。

超三成中青年女性拥趸国货。在"支持国货，喜爱购买'国潮'品牌"这一选项，"70后""80后"被调查女性群体选择的比例分别为30.5%和36.8%；"90后""00后"分别为37.7%和38.2%（见图7）。可以看出，中青年女性对追逐国产潮品、进行潮流消费有着偏爱。她们应用互联网的技能熟练，捕捉信息的速度快，对于潮流消费的敏感度和认可度高。同时，这些年龄段的女性也是在改革开放、经济快速发展中成长起来的，见证了中国经济的增长奇迹，相信中国

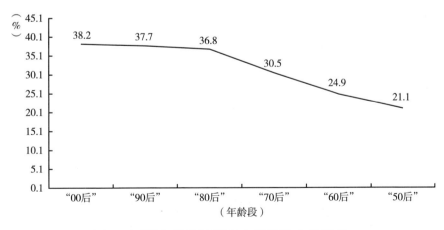

图7　不同年龄段被调查女性群体支持国货，
喜爱购买"国潮"品牌情况比较

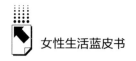

品牌的品质；对于"国潮"品牌展现出的中国文化元素以及传统文化内涵，她们乐于拥抱、倍加推崇。

6. 消费回归理性，二手交易活跃

随着二手商品交易渠道不断丰富，"互联网+二手"模式出现，线下实体二手市场、"跳蚤市场"的建设和运营，以及二手商品交易、以旧换新活动的开展，城市女性及家庭逐渐形成"循环利用"的理念，闲置物品不断交易和流通。10.8%的被调查女性及家庭表示，"买卖二手物品、以旧换新等，消费更理性、更节约"是2021年自己及家庭的消费新变化。她们的消费行为回归理性，积极交换闲置物品，推崇循环利用等方式，购物更加追求实用。

青年女性更爱二手交易。在"买卖二手物品、以旧换新等，消费更理性、更节约"这一选项，"00后""90后"被调查女性群体的选择比例最高，分别为15.4%和14.9%（见图8）。青年女性交换闲置更活跃，成为以买卖二手、以旧换新为代表的循环经济的积极践行者。

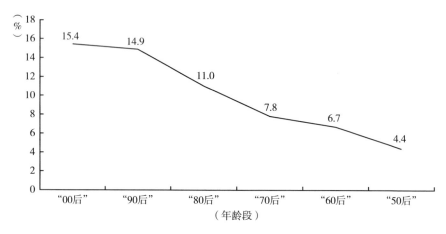

图8　不同年龄段被调查女性群体买卖二手物品、以旧换新观念比较

（二）家庭最大开支中"养育孩子"比例最高

本次调查结果显示：在被调查女性及家庭最大开支中，"养育孩子"占比最高，为38.0%；"买房（还房贷）、租房"居第二，为29.7%（见图9）。

其他方面的占比均低于10%，"看病、康养、保健等"（9.7%）、"养车、买车"（6.3%）、"装修房子、美化家居环境"（5.2%）、"买保险应对重大疾病等突发事件"（3.5%）、"各种网购、点外卖等"（3.5%）、"美妆医美、服装服饰"（2.2%）、"养宠物、家政保洁等"（0.3%）。

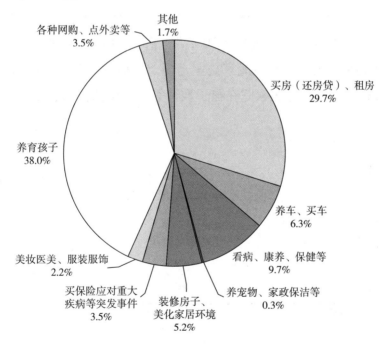

图9 被调查女性及家庭的最大开支

以上这些最大开支项目及被选择比例，反映了城市女性及家庭的重点花钱方向，即家庭育儿支出、居住消费支出、家用汽车消费支出、健康消费支出等。除此之外，被调查女性及家庭也将最大开支用于在线消费、悦己消费，表明她们生活方式的多样性，以及生活品质的提升。

1.家庭育儿：精细化养育成本高

38.0%的被调查女性及家庭将最大开支用于"养育孩子"，比例最高。精细化育儿成为城市女性及家庭追求的主要育儿方式。从奶粉、营养辅食，到童鞋童装、婴儿寝具、洗护用品，再到儿童玩具、教育娱乐，各种品类的消费都想给孩子最好的。女性及家庭愿意"为品质买单"，养娃成本攀升。

"70后""80后"被调查女性及家庭育儿支出最高。在将最大开支用于"养育孩子"这一选项，"80后"被调查女性群体的选择比例最高，为49.0%；其次是"70后"，占42.1%（见图10）。"70后""80后"绝大多已经成家立业，孩子正值读书阶段，随着二孩、三孩家庭的增多，这些家庭在孩子教育等各方面的投入会更多。

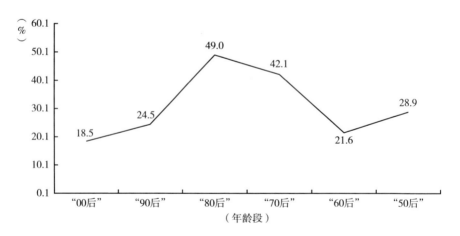

图10　不同年龄段被调查女性群体最大开支用于养育孩子情况比较

2.居住消费：品质租住成为主流

从"居者有其屋"到"居者优其屋"，城市女性及家庭对居住品质的要求提升，有着提高人均住房面积、使居住环境更加和谐美好等改善型需求。29.7%的被调查女性及家庭将最大开支用于"买房（还房贷）、租房"。可以看出，除了买房（还房贷），部分被调查女性还选择了租房。新租房时代，品质租住消费成为主流。她们愿意租各方面条件较好的房子，拥有品质居住空间，即使价格较高。除了将最大开支用于"买房（还房贷）、租房"，也有不少被调查女性及家庭将最大开支用于"装修房子、美化家居环境"。

中青年女性更追求居住品质。在将最大开支用于"买房（还房贷）、租房"这一选项，"70后""80后"被调查女性群体分别为25.3%和29.0%，"00后""90后"选择比例分别为30.5%和37.2%（见图11）。房子是美好生活的基础，中青年女性对品质居住的诉求更高，更关注居住条件和环境改善、环保安全、美学设计、智能化升级等方面。

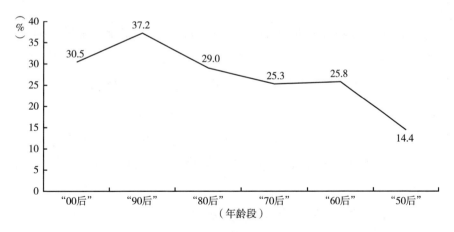

图11 不同年龄段被调查女性群体最大开支用于住房情况比较

3.家用汽车：买车追求智能化

汽车作为代步工具，给人们日常生活带来更多便利的同时也拓展了人们的生活半径，提升了生活品质。6.3%的被调查女性及家庭表

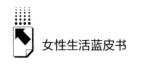

示，2021年最大开支是"养车、买车"。外观有设计感的车满足了城市女性及家庭对"美"的感性需求。除了视觉与听觉，驾驶体验、安心安全的智能体验，例如自动驾驶、先进的人脸识别系统、无线充电功能等，满足了城市女性及家庭的高品质消费需求。

4. 健康消费：大康养意识增强

健康是幸福生活最重要的指标。健康是1，其他是后面的0，没有1，再多0也没有意义。疫情的发生让城市女性及家庭更加意识到健康的重要性，珍惜生命和健康成为她们生活的首要原则，大卫生、大健康观念正在形成。除了看病等医疗支出，还有健身、康养、保健等相关支出。9.7%的被调查女性及家庭将最大开支用于"看病、康养、保健等"。一些女性及家庭有了更强的健康保障意识，愿意利用健康险分散个人与家庭的健康和经济风险，3.5%的被调查女性及家庭将最大开支用于"买保险应对重大疾病等突发事件"。

中青年女性也注重健康管理。在将最大开支用于"看病、康养、保健等"这一选项，"70后""80后"被调查女性群体的选择比例分别为11.8%和6.1%，"90后""00后"分别为7.2%和9.3%，可以看出中青年女性愿意为健身、康养、保健等健康消费买单，而"50后"和"60后"的选择比例分别为38.9%和23.5%（见图12）。年龄增加和身体机能下降促使中老年女性更加重视健康问题，在这方面的投入更高。

5. 线上消费：网购、点外卖成常态

新消费业态、新消费模式在移动互联网的加持下不断涌现，全新的服务和消费方式带来了全新的体验。社交平台和购物App成为人们发现新品、获取购物攻略的主要阵地；线上下单享受优质服务成为消费的重要构成。本次调查显示，线上消费发展迅速，不少女性及家庭将最大开支用于"各种网购、点外卖等"，享受便捷的消

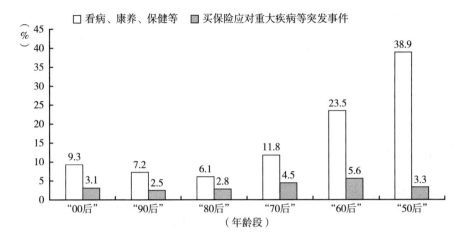

图 12 不同年龄段被调查女性群体最大开支用于健康消费支出情况比较

费体验。

在将最大开支用于"各种网购、点外卖等"这一选项，未婚被调查女性群体的选择比例为12.0%，远高于已婚女性群体的2.3%；没有孩子的被调查女性群体此数据为11.3%，远高于有一个孩子的妈妈群体（2.3%）、两个孩子的妈妈（1.4%）、三个孩子的妈妈（1.6%）。这说明，已婚已育女性更愿意在家做饭，减少点外卖，为孩子及家人制作健康美食。而未婚未育女性更倾向于便捷的网购、点餐生活。

6.悦己消费：美妆医美、养宠物

"悦己消费"成为城市女性及家庭对美好生活向往的直接体现。她们注重精致的形象打造，愿意将更多的精力和金钱用于自己，是医美、美妆、服装、饰品等领域的消费主力军，热衷将最大开支用于"美妆医美、服装服饰"。

"90后""00后"更爱"美丽消费"。在将最大开支用于"美妆医美、服装服饰"这一选项，"00后"被调查女性群体的选择比例最高，为5.7%；"90后"次之，为4.9%（见图13）。这两个年龄段的女性婚

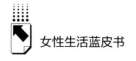

恋交友、社会交往等需要更强烈，也正值青春，乐于追逐时尚潮流，乐于在美妆、服装、鞋包等品类上不断尝试新产品、新品牌。

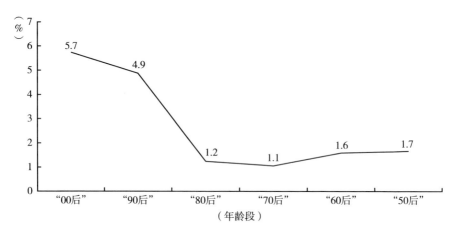

图 13   不同年龄段被调查女性群体最大开支用于
"美妆医美、服装服饰"情况比较

城市女性及家庭寻求更加自在舒适的生活方式，享受购买家政服务后的美好闲暇、与宠物玩耍的无忧时光，将最大开支用于"养宠物、家政保洁等"。城市女性爱自己的同时也不忘给"爱宠"悉心的呵护，视它们为家人，愿意为"小可爱们"花钱。

未婚女性更爱"养宠"。在最大开支用于"养宠物、家政保洁等"这一选项，未婚被调查女性群体的选择比例为 0.8%，高于已婚女性（0.2%）。当宠物成为家庭中的一员，她们的生活也开始发生变化。下班回家，"它会一直在门口等我"；一个人难过的时候也不会觉得孤单，"它会守着我"。

（三）疫情防控常态化下，近郊中短途游成为新选择

疫情防控常态化下，2021 年被调查女性及家庭外出旅游的比例为 58.3%，超四成的被调查女性及家庭没有外出旅游（见图 14）。与

疫情前的调查结果，2017 年城市女性及家庭出游比例为 90.2%，2018 年为 85.7%进行对比可以看出，新冠肺炎疫情出现以来，女性及家庭的旅游处于低谷期，2021 年也是如此。

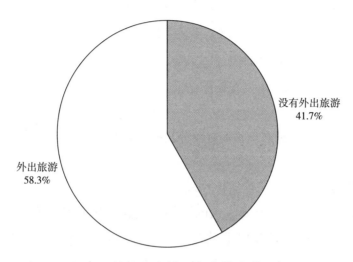

图 14 被调查女性及家庭的出游比例

从出游方式来看，"近郊中短途'轻旅游''微度假'"（34.7%）正成为女性及家庭的新选择，选择比例最高；第二为"体验乡村旅游、绿色康养游"（27.3%），在旅游中兼顾康养体验；第三为"参访革命遗址、重温红色记忆"（19.6%），庆祝建党一百周年，激发了女性及家庭红色旅游热情；第四为"亲子研学游，家庭结伴游等"（16.5%），亲子游、家庭游成为促进家庭关系和睦、提升家庭幸福感的有效方式；第五为"'宅酒店'，把特色酒店当成目的地"（3.5%），更重视体验感、舒适感的高品质出游方式适合高端小众女性及家庭（见图 15）。

课题组基于不同收入、不同学历被调查女性的出游比例进行分析发现，有孩子家庭和没有孩子家庭的出游方式存在差异。

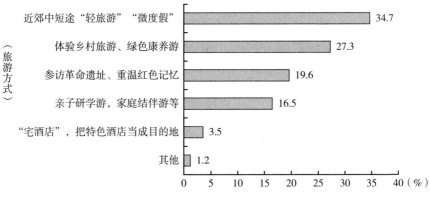

图15 被调查女性及家人的旅游方式

1. 家庭收入越高，出游比例越高

被调查女性随着家庭收入的增加，出游比例不断上升。被调查女性家庭年收入6万元及以下的出游比例为44.4%，家庭年收入6万（不含）~12万元和12万（不含）~18万元的分别上升到59.4%和66.5%；18万元以上各收入段的出游比例均超过70%（见图16）。旅

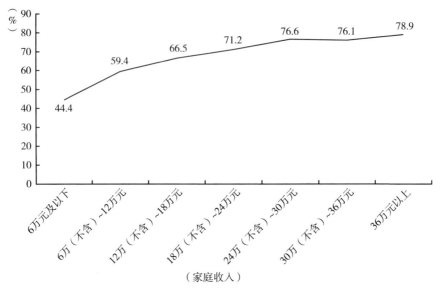

图16 不同收入被调查女性家庭的出游比例比较

游是家庭生活品质的重要体现，高收入家庭对品质生活追求意愿更强烈，也更有经济实力来实现。

2. 学历越高，出游比例越高

学历水平越高的被调查女性群体，其成员选择出游的比例越大。初中及以下学历水平的被调查女性选择出游的比例为39.6%；高中/中专/技校为52.6%；大专为60.8%；本科和硕士及以上最高，分别为64.7%和70.2%（见图17）。数据表明，高学历女性更看重通过旅游享受美好生活，丰富精神体验。

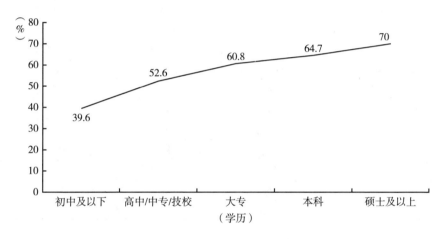

图17 不同学历水平被调查女性群体的出游比例比较

3. 注重引领和陪伴，红色亲子游成为热门选择

家庭在育儿方面注重对孩子的陪伴，注重让孩子增长见识、开阔视野，希望通过各种活动让"亲子"和"游玩"结合，满足孩子和家长的共同需求，亲子游的热度高。2021年是建党一百周年，红色亲子游成为热门选择。在"参访革命遗址、重温红色记忆"这一选项，有孩子的被调查女性及家庭的选择比例更高，为20.0%。在"亲子研学游，家庭结伴游"这一选项，有孩子的被调查女性及家庭的选择比例为18.6%，高于没有孩子的被调查女性及家庭（6.0%）

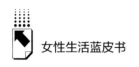

（见表1）。父母通过这些形式，陪孩子一起亲近大自然、走进广袤的世界，和孩子一起共同成长。

表1 有无孩子被调查女性及家庭的出游方式比较

单位：次，%

出游方式	类别	有孩子	没有孩子
参访革命遗址、重温红色记忆	计数	5832	1026
	百分比	20.0	17.5
近郊中短途"轻旅游""微度假"	计数	9628	2504
	百分比	33.1	42.7
体验乡村旅游、绿色康养游	计数	7928	1612
	百分比	27.2	27.5
"宅酒店"，把特色酒店当成目的地	计数	887	346
	百分比	3.0	5.9
亲子研学游，家庭结伴游	计数	5408	351
	百分比	18.6	6.0
其他	计数	311	109
	百分比	1.1	1.9
没有外出旅游	计数	12218	2375
	百分比	41.9	40.5

（四）向往美好生活，对三类家庭服务需求强烈

在急需的家庭服务中，被调查女性及家庭对三类家庭服务的消费需求最强烈，这三类家庭服务分别是"职业化、规范化、高质量的家政服务"（23.2%）、"0~3岁普惠托幼服务，单位/社区开办托儿所"（15.7%）和"智能看护、陪聊、陪诊等养老服务"（20.3%）。

1.对家政服务普遍需求强烈

"没人带孩子"是很多城市女性及家庭面临的共同问题，尤其是很多没有老人帮忙带孩子的家庭、"双职工"家庭。因此，她们对"职业化、

规范化、高质量的家政服务"的需求普遍强烈。接送孩子上下学的钟点工，以及陪伴孩子、照顾老人、兼做各项家务的家政服务火热起来。

中青年女性更需要平衡工作和家庭的家庭服务支持。在"职业化、规范化、高质量的家政服务"这一选项，"70后""80后""90后"被调查女性群体的选择比例较高，均超过20%（见图18）。这些年龄段女性承担着家庭和事业的双重责任，事业处于爬坡奋斗的上升期，同时面临二孩、三孩的生育选择，迫切希望通过普惠托幼公共服务、高质量的家政服务来平衡工作和家庭。

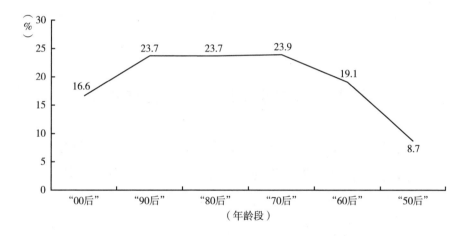

图18 不同年龄段被调查女性群体对家政服务的需求比较

2. 对单位、社区开办托儿所需求高

"90后"对0~3岁婴幼儿普惠托幼服务的需求更高。在"0~3岁普惠托幼服务，单位/社区开办托儿所"这一选项，"90后"被调查女性群体的选择比例为29.6%，远远高于其他年龄段（见图19）。这或许与她们的孩子以0~3岁居多、正面临婴幼儿无人照顾的困境相关，她们迫切需要单位或社区开办托儿所，提供多样化的0~3岁普惠托幼服务。

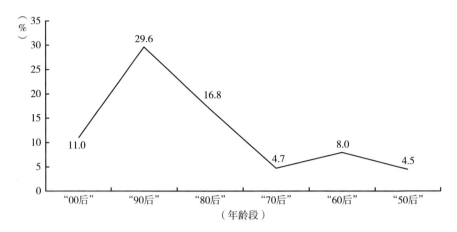

图 19　不同年龄段被调查女性群体对单位/社区开办托儿所的需求比较

三　被调查女性及家庭消费的向往和期待

在消费、投资方面，被调查女性及家庭有七大向往和期待，依次为："为自己或孩子的教育投资"（62.0%）、"买/换房，或以租代买、长租房"（37.3%）、"买/换新能源等汽车"（24.1%）、"买理财产品、保险、基金、股票等"（23.6%）、"入手更多便捷智能家电产品"（18.0%）、"升级迭代电子产品"（6.6%）、"买收藏品、艺术品等，尝试新的投资方式"（4.2%）（见图 20）。

被调查女性及家庭消费的向往清单，反映了她们对美好生活充满的各种新期盼。

1. 自我终身学习、对孩子全面培养

新时代女性把学习作为一种追求、一种健康的生活方式，自觉学习、主动学习、终身学习。她们不断自我进取，提升专业能力、专业精神；她们学习新知识、掌握新本领，从而获得个人成长、提升生活质量。她们也注重对孩子的全面培养，陪伴孩子成长。本次调查显

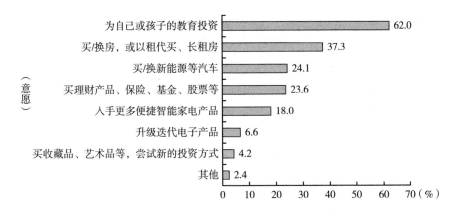

图 20　被调查女性在消费、投资方面的向往和期待

示，62.0%的被调查女性愿意"为自己或孩子的教育投资"，比例最高，且远远高于其他选项。

就"为自己或孩子的教育投资"这一选项，在不同职业/身份被调查女性群体中，全职主妇、全职妈妈的选择比例最高，为76.4%，这些阶段性告别职场的妈妈，将更多精力投入对孩子的教育，同时也没有忘记为自己成长投资、为重返职场或自我创业做准备。

新职业新需求，灵活就业女性学习意愿更强烈。就"为自己或孩子的教育投资"这一选项，在不同职业/身份被调查女性群体中，自主创业人员的选择比例居第二，为68.4%；新就业群体人员的选择比例也较高，为61.0%（见图21）。这些灵活就业女性期待得到职业培训，有更高、更有针对性的与时俱进、自我发展的需求。

有学龄儿童的家庭更注重对孩子的全面培养，愿意进行教育投资。在"为自己或孩子的教育投资"这一选项，"70后"被调查女性群体的选择比例为62.3%，"80后"选择比例为74.0%，"90后"选择比例为50.9%（见图22）。这三个年龄段女性及家庭将最大开支用于养育孩子的比例也相对较高。"双减"政策实施后，父母在学科辅导上的支出减少了，但更加注重孩子的全面发展，对艺术与体育类

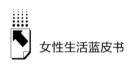

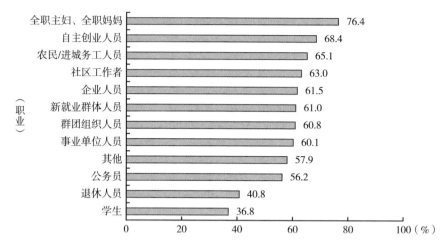

图21　不同职业/身份被调查女性群体为自己或孩子教育投资意愿比较

的教育投资热情没有丝毫降低。同时，这部分女性正处于事业上升期，为了能更好地兼顾事业和家庭，她们也期望为自己充电，不断提升职业技能和职场竞争力。

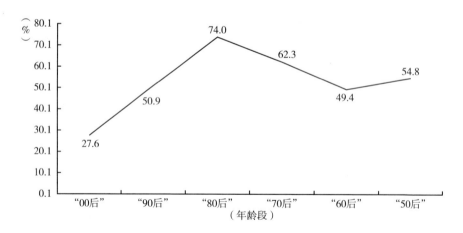

图22　不同年龄段被调查女性群体为自己或孩子教育投资意愿比较

2. 通过以租代买、长租房改善居住条件

在因城施策促进房地产市场平稳健康发展、保障住房刚性需求、

合理支持改善性需求的政策利好下，城市女性及家庭对住房条件改善充满期待。37.3%的被调查女性及家庭向往"买/换房，或以租代买、长租房"。相比于传统的小区租房，长租公寓能从管理、装修、环境等多方面提供舒适的租住体验，解决了很多人租房时的痛点，成为部分城市女性及家庭的新选择。

3. 追随买/换新能源汽车新风尚

相比传统燃油车，新能源汽车以节能环保、噪声小、经济实惠等特点，赢得了城市女性及家庭的垂青；社会对清洁高效的新能源汽车接受度增强，从而促进了这些家庭的购买需求。近1/4的被调查女性及家庭向往"买/换新能源等汽车"，这也成为她们践行绿色环保出行理念的新风尚。

4. 希望智能家电解放双手

城市女性及家庭对智能家居产品和家居数字化系统有着热切需求。18.0%的被调查女性及家庭希望"入手更多便捷智能家电产品"。智能家电解放双手，让城市女性享受更多美好闲暇时光。

未婚女性对智能家电更向往。在期望"入手更多便捷智能家电产品"这一选项，未婚被调查女性的选择比例为29.0%，远远高于已婚女性的选择比例（16.4%）（见图23）。未婚女性很多独自居住，更追求高效、便捷，她们同时也缺少生活经验，指纹锁、互联网冰箱和洗烘一体机等便捷智能家居用品可以高效帮助她们打造舒适、品质生活，获得了她们的喜爱。

5. 购买高科技电子产品，畅享数字生活

面对互联互通、精彩纷呈的数字世界，城市女性及家庭期待更精彩、更美好的数字生活。6.6%的被调查女性及家庭向往"升级迭代电子产品"。高科技电子产品已渗透到她们的日常生活中，助力其打造数字时代精致生活。

"90后""00后"更期望买电子产品。在向往"升级迭代电子产

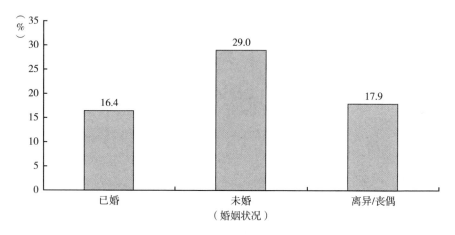

图23　不同婚姻状态被调查女性买智能家电产品意愿比较

品"这一选项，"00 后"被调查女性群体的选择比例最高，为 20.0%；"90 后"女性居其次，占 10.8%。这两个年龄段的女性喜欢追赶科技潮流，对电子产品需求度更高。"50 后""60 后"被调查女性群体的选择比例分别为 6.0% 和 5.0%，她们对智能化、个性化适老电子产品有一定需求。她们不断提升数字技术的使用技能，以更好地适应并融入智慧社会，这也意味着她们对数字时代的美好生活充满向往（见图 24）。

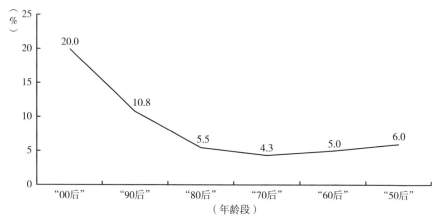

图24　不同年龄段被调查女性群体升级迭代电子产品意愿比较

6.尝试艺术品收藏等投资方式

从"你买了什么衣服？"到"你买了什么理财产品？"，理财成为社交中的重要话题之一。城市女性及家庭的理财热情高涨，她们有了财富积累的愿望，理财意识增强，爱攒钱也爱投资理财，期望早日实现财富自由。理财产品、保险、基金、股票等，成为她们投资试水的首选项目。23.6%的被调查女性及家庭"买理财产品、保险、基金、股票等"。收藏品、艺术品投资与生活水平的提高和文化市场活跃息息相关，城市女性乐于尝试，4.2%的被调查女性及家庭选择"买收藏品、艺术品等，尝试新的投资方式"。

青年女性投资理财意识更强。在计划"买理财产品、保险、基金、股票等"这一选项，"90后""00后"的被调查女性群体的选择比例分别为31.3%和29.6%（见图25）。青年女性胜在态度积极，较早开始接触理财产品，在手机上买卖股票和基金成为她们的生活习惯。

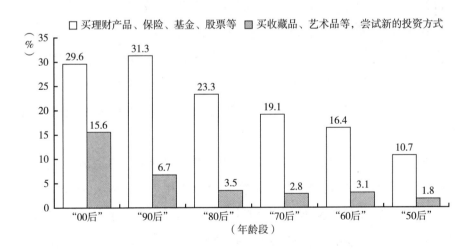

图25　不同年龄段被调查女性群体买理财、
保险、基金、股票等意愿比较

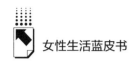

四 本次调查的主要结论

2021年，在疫情带来种种不确定性的背景下，消费市场、消费场景、消费模式等悄然改变，人们的消费理念、消费方式与消费习惯随之发生变化，但追求更加美好生活的前进步伐不可阻挡。本次调查发现，2021年女性及家庭乐于追求高品质消费，这种高品质消费用五个关键词概括就是——绿色、美好、潮流、智慧、专业，与"高质量发展"高度相关的"高质量消费"趋势正在形成。

（一）绿色消费意识强

党的十八大以来，党中央把生态文明建设摆在全局工作的突出位置，作出一系列重大战略部署。2021年"碳达峰""碳中和"被首次写入政府工作报告，"十四五"时期，我国生态文明建设进入了以降碳为重点战略方向、推动减污降碳协同增效、促进经济社会发展全面绿色转型、实现生态环境质量改善由量变到质变的关键时期。2022年初，国家发展改革委等七部门提出加快提升食品消费绿色化水平、积极推广绿色居住消费等促进绿色消费实施方案。

城市女性及家庭践行"简约适度、绿色低碳"的生活方式，把环保意识落实到日常消费中，争做"绿色买单人"。本次调查结果显示，被调查城市女性及家庭在2021年最凸显的消费行为就是"自觉绿色消费，购买节能环保产品"（45.4%）。新能源汽车以节能环保、清洁高效、噪声小等特点，赢得了城市女性及家庭的垂青，近1/4希望购买或更换新能源汽车。

城市女性和家庭养成了勤俭节约和循环使用的良好习惯。通过买卖二手物品、以旧换新等小举动，她们在为环保作贡献的同时，又提升了生活品质、节约了成本，实现了"双赢"。中青年女性及家庭在这方面更具活力，随着互联网二手交易平台的走俏，她们在节省消费开支的同时也养成了理性消费的好习惯。

（二）美好生活品位高

消费是满足人民美好生活需求的重要领域，也是拉动经济增长"三驾马车"中的首要动力。党和政府立足新发展阶段、贯彻新发展理念、构建新发展格局，坚定不移增进民生福祉，把高质量发展同满足人民美好生活需要紧密结合，把推动高质量发展与创造高品质生活有机结合，并顺应国内消费升级趋势，采取更加积极有效的政策措施，培育中高端消费新增长点，持续释放国内市场潜力。在此背景下，城市女性及家庭消费实现了从生存型向发展型、品质型的升级，对生活品质、品位有了更高的追求，对"衣食住行"有了更高的标准。

既要有的住，更要环境美。在疫情防控常态化的背景下，家的重要性被重构，居家隔离、居家办公激发了人们对居住空间的升级需求，被调查女性更注重营造高品质居家环境。她们认为"追求高品质生活，注重居家环境美化"（36.6%）是自己及家庭的重要变化之一。她们不仅将大笔开支更多用于"买房（还房贷）、租房"（29.7%）和"装修房子、美化家居环境"（5.2%），也期望通过买房/换房或租更舒适的房子来满足自己及家庭的住房需求。

既要健康，也要美味。被调查女性及家庭通过"升级厨具，更享受在家烹饪的乐趣"（14.9%）。厨具智能化程度高，精致的新一代厨房让做饭更高效、轻松、便捷，女性乐于在柴米油盐中享受制作精致、健康餐食带来的生活情趣。虽然平台经济的兴起催生了便利的外卖服务，但本次调查显示，已婚已育女性更倾向于亲自下厨为孩子

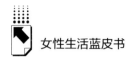

及家人制作健康美食。

既要富足，更要品位。女性注重精神文化需求、注重新型体验、注重体现个性、乐于分享自己的美好生活方式。2021年，她们的悦己消费增多，在消费中不断刷新体验，精神获得满足；购书、看电影、看展览等精神消费增加；享受宠物带来的精神陪伴和满足；买艺术品、收藏品等的投入正在增加，她们有意识提升审美能力。她们在育儿方面注重对孩子的陪伴和全面培养；在庆祝建党一百周年的重要历史节点，红色亲子游热度高（19.6%）；在"亲子研学游，家庭结伴游等"（16.5%）中父母和孩子一起成长，她们的教育投资意愿强烈。

（三）潮流消费选择多

不断崛起的新国货渗透到日常生活的各个领域。"国潮"成为消费主流。新国货品牌呈爆发式增长，百度与人民网研究院联合发布的《百度2021国潮骄傲搜索大数据》报告显示，在过去10年人们对"国潮"相关搜索热度上涨528%。来自淘宝等电商平台的数据显示，中国人的购物车中，八成以上是国货。截至2020年6月，天猫线上国货品牌数量就达到2018年的2倍。

京东发布的《2022年轻人国货消费趋势报告》中定义："新国货"是创新驱动、品质为先，拥有良好产品与服务体验，并融入更多健康、绿色、智能要素，市场竞争力与适应能力较强的国货品牌。消费者通常把中国创造、创新的产品称为"新国货"。越来越多的国货在政策推动、科技发展和新消费崛起的背景下，主动转型升级、对接市场需求，打破了"质量不错但设计老套、价格低廉"旧有形象，成为引领时尚的新"国潮"，赢得了广大消费者的喜爱。

本次调查显示，新国货凭借过硬的质量、亲民的价格和个性化的品牌形象赢得了被调查女性和家庭的垂青。她们支持新国货，喜爱购买"国潮"品牌（34.2%）。其中中青年女性展现出"易被种草，乐于尝新"的特点。她们不再盲目"崇洋"，而是更多聚焦兼具品质"硬实力"和文化"软实力"的国产品牌，民族自信和文化认同增强。新国货并非洋货的"平替"，而是以优质、创新等鲜明特色，成为很多女性及家庭的新宠。

（四）"智慧+"消费受垂青

数字让生活更美好。如今，以互联网、大数据、云计算、人工智能等为代表的新技术在消费领域加速应用，线上化、远程化、无接触和智能化的需求广泛，从社交、娱乐、出行到购物，人们越来越多地依赖各种网络平台。5G、超高清、智能交互等硬核科技，以及潮玩盲盒、数字音乐、数字文旅、国潮文创等文化新产品、新服务层出不穷，不仅大大提高了人们生活的舒适度和便利性，也深刻改变着人们的消费理念和消费方式。

"云消费"成为女性及家庭的生活常态。被调查女性习惯使用外卖点餐、买菜到家、跑腿闪送、送药上门等线上生活服务，数字化"宅经济"消费折射出她们由外出式消费场景向居家式消费场景的转变。2021年，"各种网购、点外卖等"（3.5%）是被调查女性及家庭的最大开支之一。因为线上线下加速融合，女性及家庭的线上消费不断丰富，体验不断优化，沉浸式线上购物更好地满足了她们对美好生活的需求。

智能产品、"智慧+"消费受到女性及家庭垂青。高科技带来的个性化、新鲜感，激发了女性及家庭的新需求，她们对"升级迭代电子产品"（6.6%）有更高的向往和期待。5G技术让家电万物互联成为可能，人工智能让人与家电的交互更便利，家电产品正从单纯的功能性产品向智能化服务系统转变。便捷智能家电不断拓宽家庭消费

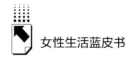

场景，覆盖了生活的方方面面，女性及家庭入手更多各类全自动、智能化、定制化家电和家用产品等。随着老龄化社会的到来，女性及家庭也急需"智能看护、陪聊、陪诊等养老服务"（20.3%）。发挥数字技术在诊疗中的作用，提供更高质量的医疗服务，提升养老质量成为当务之急。

（五）专业服务更期待

家政服务行业市场步入快速发展阶段，市场需求持续增加。本次调查显示，被调查女性及家庭急需"职业化、规范化、高质量的家政服务"。女性及家庭也愿意将大笔开支用于家政保洁、收纳整理等个性化上门服务。据人社部公布的"2021年第一季度全国招聘大于求职'最缺工'的100个职业排行"名单，家政服务员就位居其列。可以看出，"急需"和"缺工"成为供需矛盾。2021年，十五部门联合印发《深化促进家政服务业提质扩容"领跑者"行动三年实施方案（2021~2023年）》，进一步推动家政服务业品牌化、规范化发展，助力人们实现美好生活。

经历疫情，被调查城市女性及家庭更加意识到健康的重要性，健康生活理念深入人心，医药、健康产品在她们购物车中的比重持续提升，防护用品成为刚需，"医疗、健身等健康消费增加"（25.3%）。她们舍得为健康投入，将大笔开支用于"看病、康养、保健等"（9.7%）；她们"购买保险应对重大疾病等突发事件"（3.5%），增强安全感。随着年龄增加，身体机能下降，老年人在健康方面开支更大。年轻人也开始注重健康、注重健身，成为"养生达人"，偏爱低卡、低脂、热敷养生等产品。可以看出，女性及家庭对更加专业的优质健康管理服务需求强烈，健康消费范围扩大，服务需求多样化，个性化健康监测评估、具有健康功能的家居产品等健康产品和服务成为新的需求点。

五 关于促进女性及家庭消费的建议

城市女性及家庭的消费品质全面改善和提升，城市女性享受到高质量消费带来的愉悦和满足，但本次调查也反映出被调查女性及家庭在消费过程中存在消费信心不足、养育孩子负担过重、优质服务供给不足、低收入群体消费能力偏弱等问题。针对这些问题，我们提出以下三个方面的建议。

（一）坚定信心、提升能力，拉动女性及家庭消费

疫情反复、国际局势多变等因素给居民消费带来影响，经济发展仍面临需求收缩、供给冲击、预期转弱三重压力。本次调查显示，被调查女性及家庭的消费观悄然发生变化，理财观念增强、节约意识加强、消费意愿减弱，"非必要不消费""能不买就不买""只买刚需"是不少被调查女性的真实个体感受。消费与民生息息相关，应成为经济的主拉动力。扩大消费，既有利于提升城市女性及家庭生活水平，又能带动就业、投资和产业升级。

全力扩大国内需求，进一步释放消费潜力，促进消费持续恢复，必须发挥城市女性和家庭的作用。女性在消费中的主导地位突出，"她经济"崛起。作为家中的"财政大臣"和"首席采购官"，女性肩负着制订家庭消费计划，采购和升级家庭日常生活用品以及孩子、爱人、老人用品的责任。女性购买或置换新能源汽车意愿较强，要支持新能源汽车消费和充电桩建设，逐步实现所有小区和经营性停车场充电设施全覆盖；实施限购的城市可逐步增加汽车增量指标数量、放宽购车资格限制，鼓励女性及家庭购买汽车，特别是中国自主品牌汽车；加快释放绿色智能家电消费潜力，开展家电以旧换新活动，支持废旧家电回收利用。

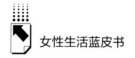

引领城市女性对中国经济坚定信心，让她们看到我国经济韧性强、潜力足，长期向好的基本面不会改变。疫情对经济运行造成了巨大影响，转型升级、高质量发展的大势没有改变。从中央到地方，为抗击疫情和恢复经济出台了很多政策且取得明显成效。我国拥有14亿多人口的超大规模内需市场，规模优势显著，不仅要着眼于消费本身，以多样态的鼓励性举措刺激消费，也要打牢基础，多维度全方位发力，保障就业，提高收入，营造良好的消费环境，提振广大妇女及家庭的消费信心，提高消费能力。

就业是头等民生大事、稳定经济大盘的重要支撑。有就业才能创造财富、增加收入，进而拉动消费。就业是收入的基础，收入是消费的基础。本次调查显示，无论是消费观念、最大开支，还是消费投资预期，均和女性及家庭收入有着十分密切的关系。为进一步巩固消费的基础性作用，要继续完善促消费长期机制，落实保就业、稳收入等政策；既要确保居民可支配收入稳定增长，又要通过完善收入分配制度提高低收入群体的收入，扩大中等收入群体，增强不同收入群体，提高其消费能力，提高其消费预期；同时还要持续改善消费环境，为消费者保驾护航，维护女性在直播购物、社群团购等新的消费模式中的合法权益，让她们无论是线上购物还是线下购物都更加放心、安心。

（二）聚焦生育、养育、教育，降低女性及家庭的经济负担

2014年"单独两孩"和2016年"全面两孩"政策相继实施后，2021年国家又出台了三孩生育政策。然而，"80后""90后""00后"女性作为生育主力，生育意愿偏低，经济负担已成为影响她们生育的重要因素。在经济压力和照料压力下，很多家庭不敢多生孩子。本次调查显示，"养育孩子"的选择比例稳居被调查女性及家庭最大开支榜首；在消费期待中，为孩子教育投资也占比最高。很多被调查女性

不禁感叹"孩子的各项花费太大了""自从有了孩子，自己花钱特别节省"。

为推动三孩生育政策落地见效，要充分发挥社会经济配套政策的作用，加快构建普惠托育服务体系，满足城市女性期盼社区、企业等提供多元化、规范化托育服务，以及推进义务教育优质均衡发展等需求；为因生育中断就业的全职妈妈提供再就业培训，提升职业技能；鼓励企业设立"妈妈岗"、采用弹性上班制等方式，帮助她们平衡工作和家庭。

灵活就业能有效促进就业，也有利于激发市场活力和社会创造力。帮助女性在带娃的同时多渠道灵活就业，强化保障和服务，依法保护她们的合法权益；对符合条件的灵活就业女性的培训，给予培训补贴和培训期间生活补贴。扩大生育保险、税收支持等政策受益人群，让新就业群体、创业女性等灵活就业女性也能在就业地参加医疗保险、生育保险，享受子女教育、3 岁以下婴幼儿照护等个人所得税专项附加扣除等。

（三）发挥平台经济促进消费的作用，为女性及家庭提供更好的服务

城市女性及家庭热切追求高质量家庭生活，"云消费""智慧+"消费成为生活常态。要顺应她们的消费升级趋势，深化供给侧结构性改革，不断加快数字化改造，鼓励技术创新和业态模式创新，发挥好平台经济促进消费的作用，为城市女性及家庭提供更加多元化、高品质的产品和服务。

结合本次调查成果，建议从三方面提升女性及家庭服务供给。一是适应常态化疫情防控需要，加快线上线下消费有机融合，引导平台企业在疫情防控中做好防疫物资和重要民生商品保供"最后一公里"的线上线下联动。二是提供更多智慧产品（如智能冰箱、智能洗衣

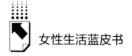

机等）带来的多元化生活解决方案，满足女性及家庭对家居产品智能化服务的需求。三是升级信息消费，推进互联网、大数据、人工智能等的运用，进一步丰富文化、娱乐、教育活动，提升消费水平，提高生活质量。

　　执笔：刘萍，中国妇女杂志社副总编辑、《婚姻与家庭》杂志总编辑，华坤女性生活调查中心理事长，编审，哲学学士，中国科学院心理研究所婚姻家庭专业研究生。

　　张明明，华坤女性生活调查中心项目主管，传播学学士、管理学硕士。

　　刘哲，华坤女性生活调查中心数据分析员，历史学学士、法学硕士。

B.4
新生代女性健康生活方式
调查报告

中国妇女杂志社　友乐活（北京）网络科技有限公司　第一财经商业数据中心

摘　要： 对 1203 名新生代女性的调查发现，女性的自主意识强烈，对"不在意年龄，遇到合适的对象再考虑结婚"和"结不结婚顺其自然"等婚恋观念认同度高。她们更加注重由内而外、精致细心的全方位养护：42.6%的被调查女性讲究健康饮食，32.8%的女性注重运动健身，24.1%的女性内服保健品。她们享有避孕节育自主选择权，在线上购买避孕用品的消费增长迅速。超六成的存在生育焦虑的被调查女性认为自己对于生育的焦虑主要来自"养育孩子成本太高""担心生育后没有时间和精力照顾小孩"。报告建议：培树正确的婚恋观、家庭观，进一步强化婚育教育和服务；加速政策落地，缓解生育焦虑，营造生育友好型社会；破除传统观念，促进男性积极参与和支持。

关键词： 新生代女性　健康生活方式　婚育观

为充分了解和掌握新生代女性对待婚恋、生育、养育、职业、健康等的态度和观念，中国妇女杂志社联合友乐活（北京）网络科技有限公司于 2021 年 9 月共同开展了"新生代女性健康生活方式调查",通过以新生代女性为主体用户的大姨妈 App[1] 投放电子问卷,回收有效样本 1203 份;调查同时结合第一财经商业数据中心(CBNData)汇聚的商业大数据[2]进行交叉分析,多维度呈现出新生代女性"我的人生由我掌控"的鲜明特征。

一　被调查人群分析

1. 被调查女性的年龄状况

因本调查的目标人群设定和问卷投放平台选择等因素,绝大多数被调查女性出生于 1980 年及之后,占被调查女性总数的 97%。按 5 岁一个年龄段来划分,其中"90 后"占比最高,为 32%;其次为"95 后",占 23%;"85 后"占 19%;"80 后"占 13%;"00 后"占 10%。出生于 1980 年之前的被调查女性仅占 3%(见表 1)[3]。

表 1　被调查女性年龄分布

单位:%

代际	占比
"00 后"	10
"95 后"	23
"90 后"	32
"85 后"	19
"80 后"	13
"80 前"	3
合计	100

[1]　大姨妈 App 是一款专注于服务女性健康的综合型电子平台,注册用户 1.3 亿人,日活用户 600 万人,月度活跃用户近 4000 万人。其中女性用户占 99.5%,18~25 岁的用户占 8 成;本科以上学历用户占 71%;60% 的用户来自一二线城市,用户分布最多的是北京、上海、深圳、广州、杭州等;月收入超过 8000 元的用户约为 68%。

[2]　CBNData 汇集阿里巴巴消费大数据、公开数据及多场景消费数据。数据时间段:2018 年 7 月 1 日至 2021 年 6 月 30 日,基于目标消费者在平台上一年的消费行为来确定。为保护消费者隐私和商家机密,本报告所用数据均经过脱敏处理。

[3]　本报告的统计中,某年之后包括该年;相应,某年之前则不包指该年。

2. 被调查女性的城市分布

根据相关中国城市等级划分①，来自一线城市的被调查女性占比最高，为36%；来自二线城市和来自四线及以下城市的被调查女性的占比相同，为22%；来自三线城市的占20%（见表2）。

表2　被调查女性城市级别分布

单位：%

城市级别	占比
一线城市	36
二线城市	22
三线城市	20
四线及以下城市	22
合计	100

3. 被调查女性的婚恋状况

在被调查女性中，已婚者占57%；未婚有对象的占28%；未婚无对象的占12%；另有3%为离异者（见表3）。

表3　被调查女性的婚恋状况

单位：%

婚恋状态	占比
未婚无对象	12
未婚有对象	28
已婚	57
离异	3
合计	100

---

① 参考第一财经周刊旗下数据团队依照商业资源集聚度、城市枢纽性、城市人活跃度、生活方式多样性和未来可塑性5个维度发布的城市分级榜。

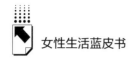

4.被调查女性的生育状况

未生育者和已生育者比例接近，几乎各占一半。已生育的被调查女性占51%，未生育的被调查女性占49%（见表4）。

表4 被调查女性的生育状态

单位：%

生育状态	占比
未生育	49
已生育	51

在已生育的被调查女性中，育有一孩的占65%；育有二孩的占33%；育有三孩的占2%（见表5）。

表5 已生育被调查女性的子女数量及比例

单位：%

子女数量	占比
育有一孩	65
育有二孩	33
育有三孩	2

二　主要调查数据呈现

（一）遵从自我感受：悦人先悦己

1."不对不嫁"和"顺其自然"，新生代婚恋观更现实

调查显示，被调查女性对"不在意年龄，遇到合适的对象再考虑结婚"认同度最高，表明新生代女性更加重视自我感受、愿意耐心等待；"00后"认为"结不结婚顺其自然"的比例最高，婚恋观

更加洒脱；而"85 后"和"80 后"对于"可以适当将就"的认同度相对较高（见图 1）。

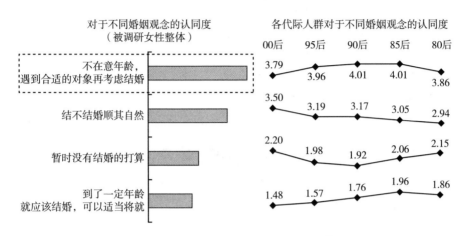

图 1 对不同婚姻观念的认同度①

2. 超四成女性"佛系脱单"，圈子太窄成交友最大难题

行业细分的加剧和"宅家"经济的发展，可能在一定程度上造成新生代女性交友圈子过于狭窄。调查显示，61.3% 的未婚被调查女性表示，造成她们难以"脱单"的主要原因是交友圈子太窄；此外，追求心目中的完美爱情（52.6%）、享受未婚生活的自由自在（49.3%），也是她们至今依然未婚的重要原因（见图 2、图 3）。

3. 相比经济实力，被调查女性更看重与伴侣的契合度

婚恋伴侣的人品、性格和价值观是被调查女性最为看中的三大特质。而父母对于女儿婚恋伴侣的经济实力、职业、家庭背景、年龄的重视程度相对更高。但是多数女性表示决定权在自己手中，父母的理解让新生代女性对伴侣的选择更加自主（见图 4、图 5）。

---

① 数据说明：以下关于婚姻的说法，请对每个选项您的认同度打分（由低到高：1~5 分）（N = 1058）。

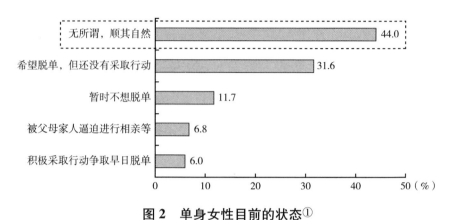

图 2　单身女性目前的状态①

图 3　未婚的原因②

4. "平等尊重"是相处之道，伴侣更需相互理解

多数被调查女性表示与伴侣的日常相处模式是互相商量、平等沟通。已婚被调查女性相比恋爱期被调查女性，希望获得对方更多理解的比例更高（见图6）。这一诉求表明，由于婚后需要两个人共同承担家庭责任和义务，因此彼此的理解和支持就显得更为重要。

---

① 数据说明：以下说法中，更符合您目前未婚状态的是哪项？（N=266）
② 数据说明：您认为目前未婚的主要原因更符合以下哪项？（N=266，多选）

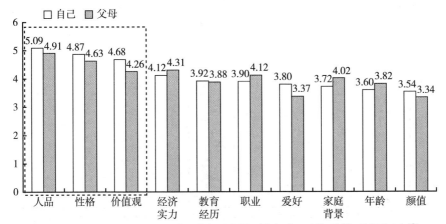

图 4　自己对自己 VS 父母对女儿婚姻伴侣各项特质的重视程度①

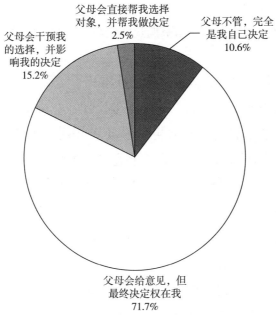

图 5　父母对女儿婚恋选择的干预②

---

① 数据说明：以下关于婚姻伴侣的特质，请分别对每项特质您的重视程度和父母家人的重视程度打分（由低到高：1~5 分）（N = 1058）；为方便展示，该分值为各项总评分除以 1000。

② 数据说明：对于您的婚姻选择，父母是否会进行干预？（N = 1058）

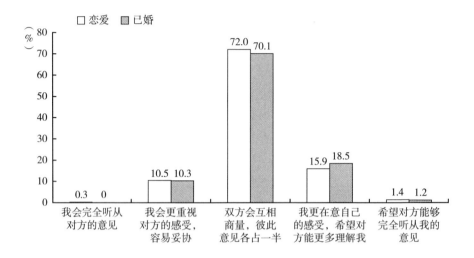

图6 恋爱期及已婚被调查女性与伴侣的相处模式①

5.两性话题受关注，谈论热度持续攀升

近六成被调查女性认为，如今新生代女性在谈论两性话题时已不再遮遮掩掩、羞于启齿，显得更加主动和开明。大姨妈App两性话题的讨论热度恰好证明了这一点（见图7、图8）。

6.性科普停留在初级阶段，各种信息泥沙俱下

多数被调查女性表示，自己主要通过网络科普文章或视频了解性知识，但网上科普信息泥沙俱下，正确科学的性知识普及与传播仍任重而道远（见图9、图10）。

7.青少年时期家庭性教育缺失应引起重视

调查显示，被调查女性在青少年时期没有接受过性教育的比例为17.5%，而接受过家庭性教育的被调查女性仅占8.6%，家庭性教育的缺失应引起重视（见图11、图12、图13）。

---

① 数据说明：以下最符合您与伴侣相处模式的一项是？（N＝897）

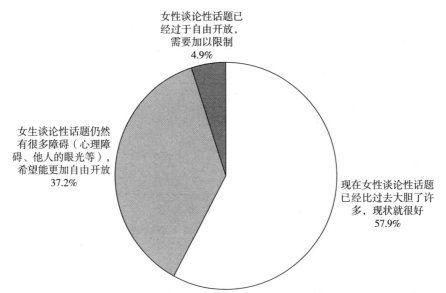

图7　对于女性谈论两性话题（性经历、性知识等）现状的看法①

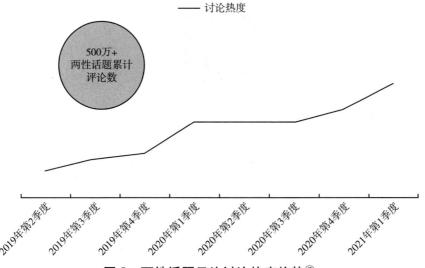

图8　两性话题日均讨论热度趋势②

---

① 数据说明：对于女性谈论"性"相关话题（性经历、性知识等）的现状，以下哪项最符合您的观点？（N＝1203）

② 数据来源：大姨妈 App 线上数据。

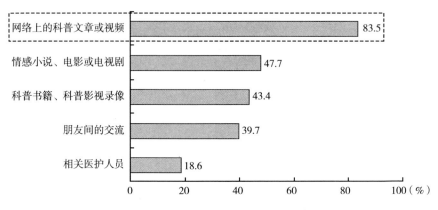

图9 目前了解性知识的主要途径①

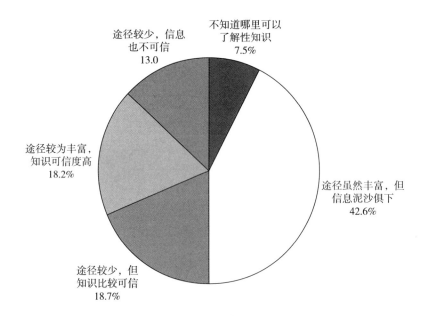

图10 对于目前了解性知识途径的看法②

---

① 数据说明：您主要通过哪些途径了解性知识？（N=985，多选）
② 数据说明：您如何看待目前了解性知识的途径？（N=985）

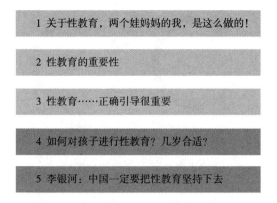

图 11　女性群体谈论青少年性教育热门话题①

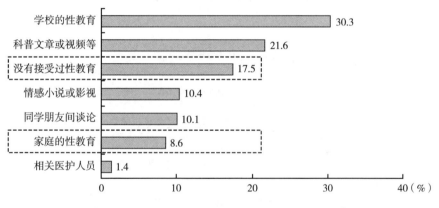

图 12　青少年时期接受性教育的主要方式②

8. 近两成女性无措施避孕，科学避孕意识需提升

避免意外受孕是女性合理规划生活、保护自身健康的重要内容。从女性避孕热议话题可以看出，仍有较多女性科学避孕意识欠缺，无措施避孕以及采用低效避孕方式的占比较高（见图 14、图 15）。

---

① 　数据来源：大姨妈 App 线上数据，日均讨论超 500 人次。

② 　数据说明：以下哪项符合您在青少年时期接受性教育的主要方式？（N = 1203）

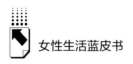

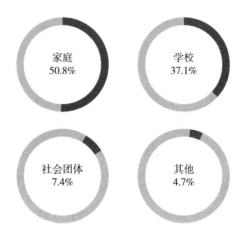

图 13　谁更应当承担起青少年性教育的责任①

图 14　大姨妈 App 避孕相关热门话题

9. 女性线上自主采购避孕用品消费增速明显

线上数据分析表明，相较于过去线上主要由男性购买避孕用品的情况，女性主动在线上购买避孕用品的消费规模和购买人数增长迅

---

① 数据说明：您认为谁更应当承担起青少年性教育的责任？（N＝1203）

避孕措施	记录用户占比	避孕有效性	特点
避孕套	45.3%	82%~98%	预防性疾病传播，需全程佩戴，有隔阂
无措施（包含安全期避孕）	18.9%	76%~95%（安全期避孕）	零成本，安全期避孕失败率高，受环境因素波动大
体外射精	16.0%	78%~96%	主要依赖于男性，无法把控，失败率高
紧急避孕药	9.1%	>58%	只能作为事后补救措施，不宜多次高频服用
短效避孕药	8.3%	91%~99%	亲密，自主掌控，需每天口服，正确使用有效性大于99%
节育环	2.0%	99.80%	一次放置可长期避孕，放置、取出都需要手术操作
皮下埋植	0.4%	99%	

图 15　用户记录的避孕措施及对避孕知识的认知情况①

速。其中口服避孕药虽然相对避孕套消费占比较小，但增速十分明显。这一趋势表明，女性正在掌握避孕"主导权"（见图 16、图 17）。

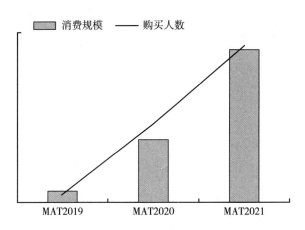

图 16　MAT2019~2021 线上女性消费者购买避孕用品消费趋势

① 数据来源：用户占比来源于大姨妈 App 线上数据，有效性数据来源于世界避孕日官网。

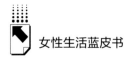

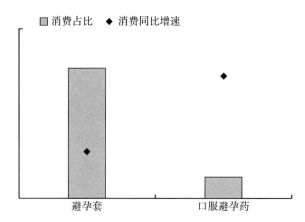

图 17　MAT2021 线上女性购买主要避孕
用品类型的消费占比及增速

（二）社会角色转换：成为妈妈的自我平衡

1."二孩"观念已普及，"三孩"意愿在提升

在未生育被调查女性中，有二孩意愿者占比最高，达 37.5%；在被调查女性中，有意愿生育二孩的占比达 57.8%，或受年龄、准备不足等因素影响，想要三孩的占比还不高（见图 18、图 19）。

2."生育焦虑"较普遍，成本高、缺少时间和精力陪伴是主要焦虑来源

尽管生育焦虑随着家庭收入增多而有所减弱，但在不同收入阶段被调查女性群体中存在生育焦虑的女性的占比仍然远高于不焦虑的女性的比例。超六成的存在生育焦虑的被调查女性认为自己对生育的焦虑主要来自"养育孩子成本太高""担心生育后没有时间和精力照顾小孩"（见图 20、图 21）。

3.生育配套措施推出，缓解生育焦虑针对性强

女性期望缓解生育焦虑的措施主要集中在降低育儿成本、保障生

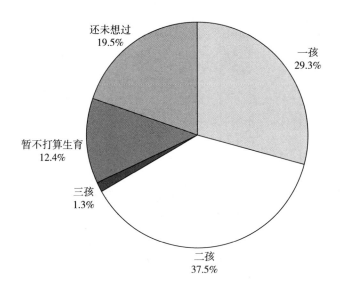

图 18　未生育女性期望生育小孩的数量

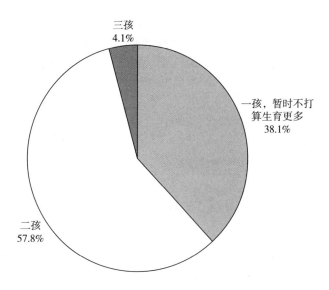

图 19　被调查女性期望生育的小孩数量①

———————

① 数据说明：您期望自己生育几个小孩？（N = 1203）

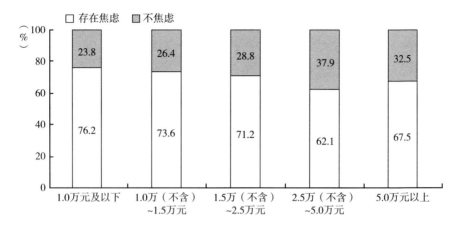

图20　不同家庭月收入被调查女性存在生育焦虑 VS
不存在生育焦虑的占比①

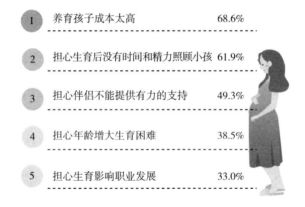

图21　生育焦虑的来源②

育休假和保障平等就业等方面。随着三孩生育政策及配套措施的落地，生育焦虑必将得到有效缓解（见图22）。

---

① 数据说明：您对于生育的焦虑程度更符合以下哪项？（N=1203）
② 数据说明：您对于生育的焦虑主要来自哪些方面？（N=754，多选）

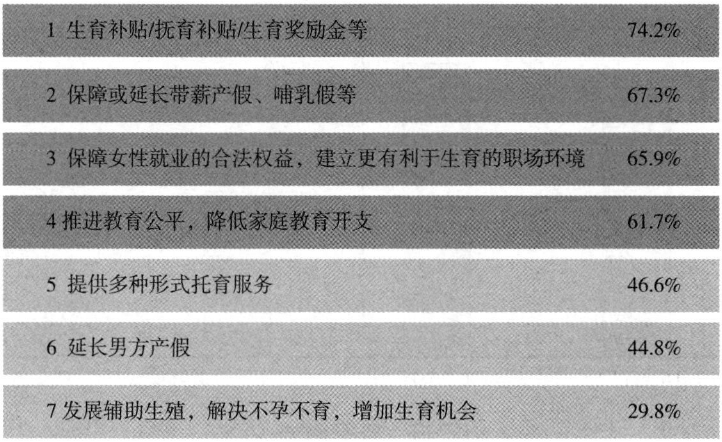

1 生育补贴/抚育补贴/生育奖励金等	74.2%
2 保障或延长带薪产假、哺乳假等	67.3%
3 保障女性就业的合法权益，建立更有利于生育的职场环境	65.9%
4 推进教育公平，降低家庭教育开支	61.7%
5 提供多种形式托育服务	46.6%
6 延长男方产假	44.8%
7 发展辅助生殖，解决不孕不育，增加生育机会	29.8%

图 22　能够帮助缓解生育焦虑的措施①

4. 有备孕经历的被调查女性超六成备孕时长在3个月以内，认为调节作息、改善身体素质是关键

超过66%的有备孕经历的被调查女性认为，"调整作息、饮食、生活方式等，改善身体素质"是她们在备孕期关注的重点。值得注意的是，孕前体检虽然重要，但有孕前检查意识的有备孕经历的被调查女性不足五成（见图23、图24）。

5. 备孕期伴侣表现"勉强及格"，科学备孕需要伴侣支持

课题组将伴侣参与备孕的程度设定为1～5分。有备孕经历的被调查女性对于伴侣参与备孕的积极程度平均评分仅为3.25分。超七成有备孕经历的被调查女性期望伴侣在备孕中能够"戒烟戒酒""健康饮食""形成良好作息"（见图25、图26）。

6. 孕期面临多种健康问题，"体型"与"妊娠纹"最受关注

除体型、妊娠纹问题外，超半数有孕期经历的被调查女性出现过心情焦虑、孕吐等情况（见图27）。

---

① 数据说明：您认为以下哪项措施更能够帮助您缓解生育焦虑？（N＝496，多选）

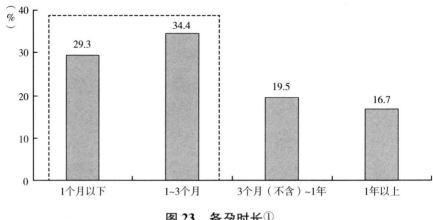

图 23　备孕时长①

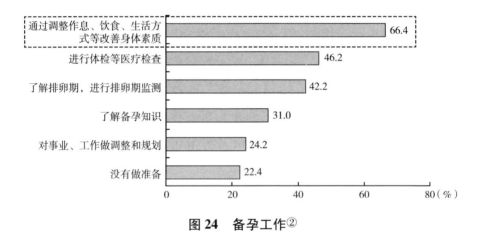

图 24　备孕工作②

7. 孕期也要美美的，孕期护理消费持续走高

孕期女性个人美护用品的消费逐年上涨，其中妊娠纹护理和胸部护理消费增速较快。此外，健身器材和瑜伽用品的消费近年来也在稳步上升（见图 28、图 29、图 30）。

---

① 数据说明：您备孕用了多长时间？（N＝604）
② 数据说明：备孕后，您主要做了哪些准备？（N＝604，多选）

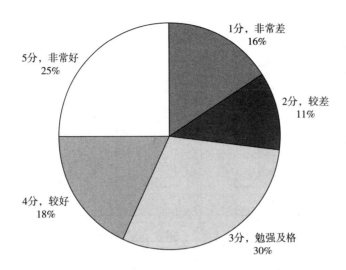

伴侣参与备孕的积极程度平均分：3.25分

图 25　备孕经历中伴侣参与的积极程度评分①

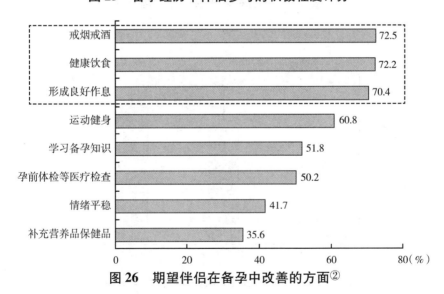

图 26　期望伴侣在备孕中改善的方面②

———————

①　数据说明：请对您在备孕经历中伴侣参与的积极程度打分（由低到高：1～5分）。（N＝599）

②　数据说明：对于伴侣参与备孕的情况您期望有哪些需要改善？（N＝604，多选）

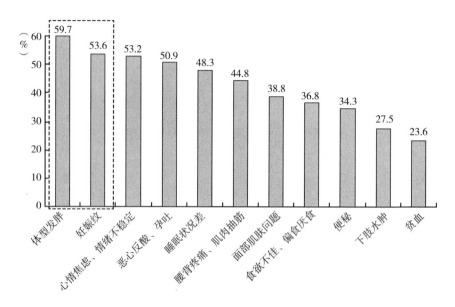

图 27　孕期最关注的自身问题①

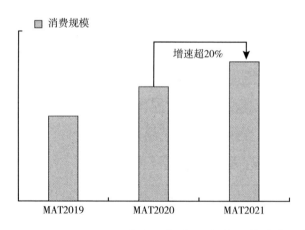

图 28　MAT2019~2021 线上孕期人群个人美护消费趋势②

---

① 数据说明：请问您在孕期对于您自身最关注哪些问题？（N＝513，多选）
② 数据说明：个人美护包含美容护肤、美发护发、美容美体、身体洗护清洁。

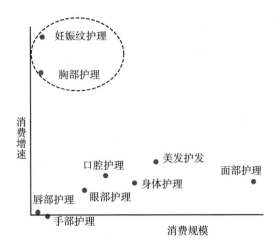

图 29　MAT2021 线上孕期人群个人美护
分类型消费规模与增速

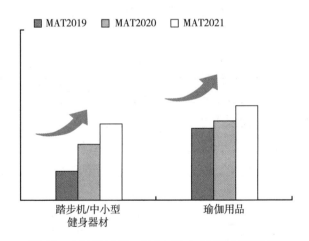

图 30　MAT2019~2021 线上孕期人群购买
健身及瑜伽用品消费趋势

8. 家中老人依然是"月子"照护的主力

超五成产后被调查女性认为，产后"坐月子"主要得由家里的老人照护，经济条件是选择月子方式的首要考虑因素。但同时，她们又非常担心"和家人因观念不一致等容易发生矛盾"（占比达到50.9%）。此外，近六成产后被调查女性计划"坐月子"的花费不超过1万元（见图31、图32、图33）。

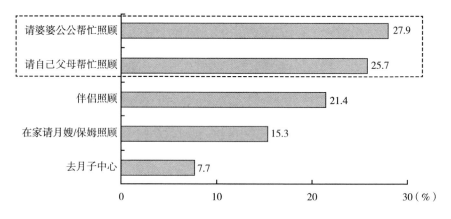

图31 产后选择坐月子的方式①

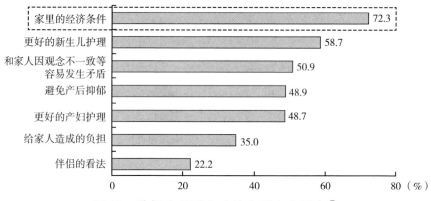

图32 选择坐月子方式的主要考虑因素②

---

① 数据说明：请问您在产后选择坐月子的方式主要是哪项？（N=491）
② 数据说明：对于产后坐月子方式的选择，您主要考虑的因素包含以下哪项？（N=491，多选）

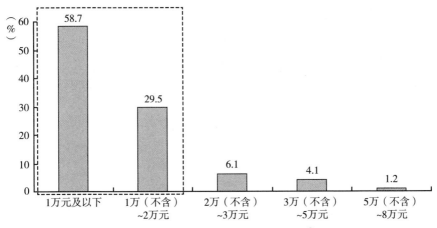

图33 产后在坐月子上的花费①

9. 产后恢复困扰多，身材走形成为核心焦虑

76.2%的产后被调查女性最担心产后"身材变形、腹部赘肉等身材问题"；此外，"妊娠纹、疤痕等"（60.9%）、"胸部松弛下垂"（59.7%）也是困扰女性的产后恢复问题（见图34）。

身材变形、腹部赘肉等身材问题	76.2%
妊娠纹、疤痕等	60.9%
胸部松弛下垂	59.7%
胯骨变宽、臀部松弛下垂	49.9%
肌肤暗沉、长斑等面部肌肤问题	45.6%
子宫脱垂、漏尿、阴部松弛等私处问题	42.4%
失眠、烦躁、情绪波动大、抑郁	42.2%
发冷发寒、关节痛	33.0%

图34 产后遇到的困扰②

---

① 数据说明：请问您的家庭在坐月子上的花费状况更符合以下哪项？（N=491）
② 数据说明：请问您在产后遇到了哪些困扰？（N=491，多选）

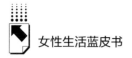

10. 重返职场，家庭与工作平衡仍是"老大难"

大部分被调查女性表示，即使有了孩子也不愿做全职主妇，期待重返职场。生育后的被调查女性对兼顾养育好孩子和干好工作的要求强烈，持此观点的占此类女性的比例超过六成（见图35、图36）。

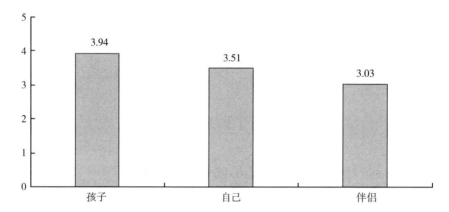

图35　生育后家庭成员的重要性排序①

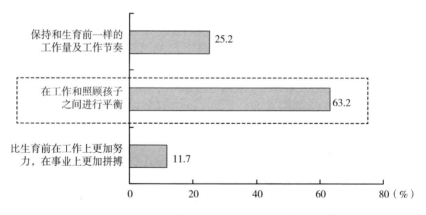

图36　职场妈妈生育后对于工作的看法②

①　数据说明：您认为生育后（如果生育后）家庭成员在您心中的重要性应当如何排序？（N = 1058）该分值为排序的平均综合得分。
②　数据说明：请问您生育后对于工作的看法更符合以下哪项？（N = 437）

11. 育儿不应是女性"一个人在战斗"，奶爸作用要提升

调查显示，在养育孩子方面，在对此问题做出有效回答的被调查女性家庭中，主要由妈妈负责的近五成。近三成职场妈妈在工作日每天投入育儿的时间超过 4 个小时，而超四成的伴侣投入育儿的时间在 1 个小时以下（见图 37、图 38）。

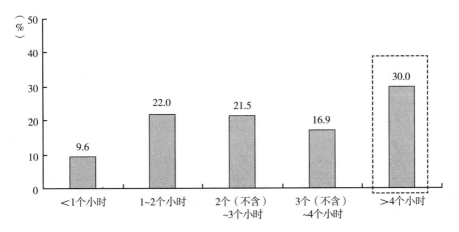

图 37　职场妈妈在工作日每天投入孩子抚养或教育的时间①

12. 孩子放假妈烦恼，孩子开学妈轻松

对于家中老人无法帮忙的职场妈妈，孩子放假后的看管成为难题，解决方式主要是送托管班、居家办公和送兴趣班（见图 39、图 40）。

13. 职场妈妈需要家庭和社会协同支持

适当的弹性工作制、平等的晋升空间、有保障的生育假期和针对女性员工的职业发展规划等，是职场妈妈最期望的社会支持（见图 41）。

---

① 数据说明：请问您在工作日每天投入家庭（孩子抚养和教育）的时间有多少？（N=437）

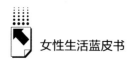

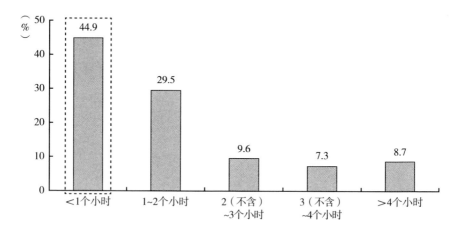

图38 伴侣在工作日每天投入孩子抚养或教育的时间①

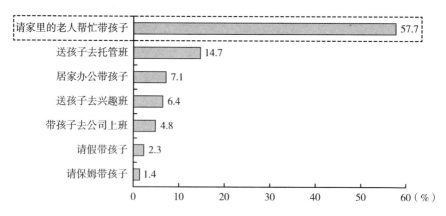

图39 职场妈妈在孩子（幼儿园阶段）放假期间照看的方式②

① 数据说明：请问您的伴侣在工作日每天投入家庭（孩子抚养和教育）的时间有多少？（N=437）
② 数据说明：请问您在孩子（幼儿园阶段）放假期间如何照看孩子？（N=437）

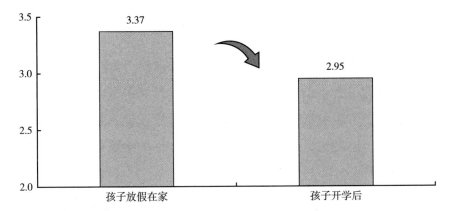

图 40　职场妈妈面对"孩子放假在家"VS"孩子开学后"的压力值①

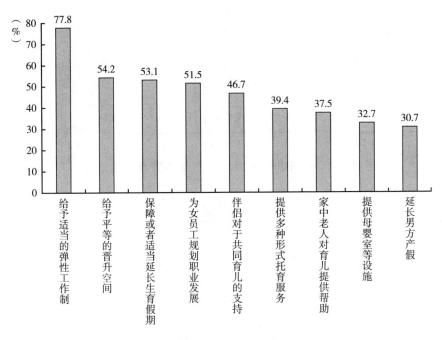

图 41　职场妈妈最希望得到的支持②

---

① 数据说明：请您分别对"孩子放假在家"VS"孩子开学后"的压力值打分
　　（由低到高：1~5 分）（N=437）。

② 数据说明：作为职场妈妈，请问您最希望得到的支持来自哪个方面？（N=437，
　　多选）

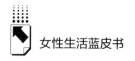
（三）身体养护：自我呵护新升级

1. 健康诉求持续增强，经期问题仍是日常生理健康重点

近年来线上女性健康消费增长明显，女性对于健康的关注已涵盖生理、医疗、养生保健等方面，表明女性健康意识不断提升。在女性日常生理健康问题中，痛经仍是普遍困扰女性的生理症状（见图42、图43、图44）。

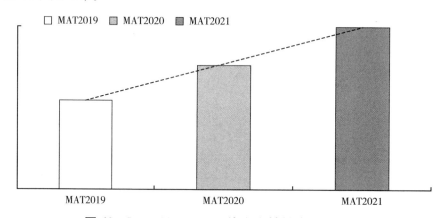

图42 MAT2019~2021 线上女性健康消费趋势

图43 大姨妈 App 女性用户主要关注的健康问题

2. 半数女性受到痛经困扰，症状以轻度为主

MAT2021 女性痛经记录显示，55%的女性有痛经症状。在线上记

录痛经症状者中，记录轻度痛经症状的占 57%；记录中度痛经症状的
占 33%；还有 10% 的女性记录过重度痛经症状（见图 45、图 46）。

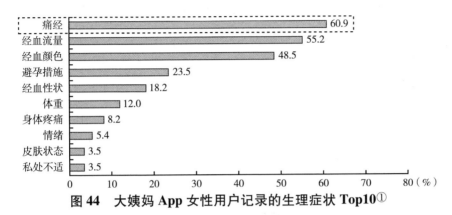

图 44　大姨妈 App 女性用户记录的生理症状 Top10[①]

图 45　MAT2021 记录痛经症状的女性比例

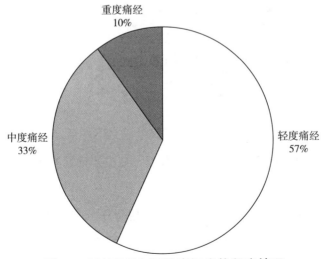

图 46　MAT2021 记录痛经症状程度情况

---

① 数据说明：经血性状包含异味、血块、渣状等。

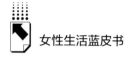

3. 痛经持续时间虽短，但有多种身体和情绪问题相伴

近九成女性（88.9%）记录自己的痛经基本在一天内缓解或消失，但其他身体症状包括肌肤问题、身体疼痛、情绪不稳等，同样是经期常见问题且持续时间更长（见图47、图48）。

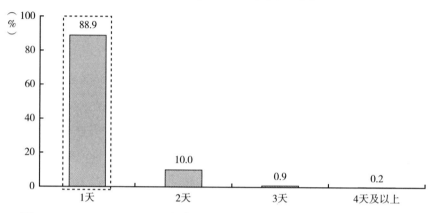

图47　MAT2021 月经周期内记录痛经症状的持续天数及女性占比

图48　MAT2021 记录痛经女性主要记录的症状

4. 痛经贴为痛经"忠实伴侣"，痛经药开始崭露头角

线上痛经护理用品消费中，痛经贴的消费规模和购买人数遥遥领先。痛经药虽然目前消费占比较小，但 2021 年消费规模及购买人数增速迅猛（见图49、图50）。

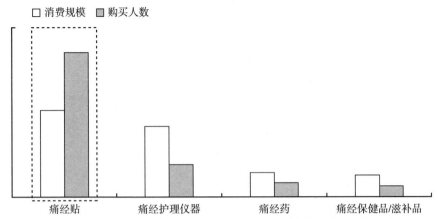

图 49　MAT2021 线上痛经护理用品分品类消费规模及购买人数

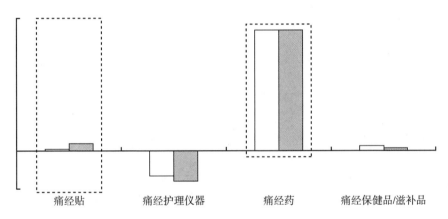

图 50　MAT2021 线上痛经护理用品分品类消费规模及购买人数增速①

数据分析还显示，在线上消费者中，相较而言，来自一二线城市的女性群体和"85 后""80 后""80 前"的女性人群更偏好购买痛经药（见图 51、图52）。

---

①　数据说明：痛经护理仪器包含暖宫仪、痛经灸等外用护理器械；痛经药主要为 OTC 药品/国际医药、处方药品类商品标题中含有治疗"痛经"相关关键词的药品。下同。

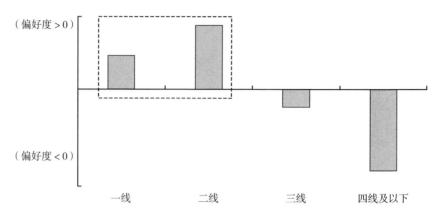

图51 MAT2021 线上痛经药分城市级别消费偏好度

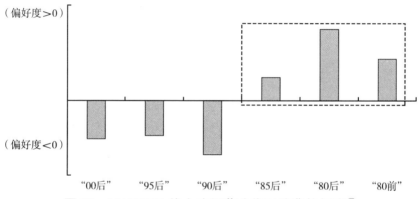

图52 MAT2021 线上痛经药分代际消费偏好度①

5. 美要由内而外，"内养"越来越受新生代女性垂青

"养生"概念正呈现年轻化趋势。新生代女性对美的追求已不再单纯依赖护肤品，她们开始垂青健康饮食、运动健身、内服保健品等各种"内养"的方式。新生代女性认为，变美不应局限于表面，自内而外才是健康之美（见图53）。

---

① 数据说明：偏好度＝痛经药各城市级别（或各代际）消费占比-痛经护理用品。整体各城市级别（或各代际）消费占比，偏好度大于0为偏好，否则为不偏好。

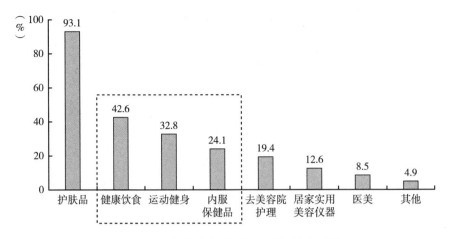

图53　日常美容保养主要采用的方式①

6. "内养"意识在提升，行动上却"口是而身不至"

尽管较多女性开始重视健康饮食和运动健身，但在实践方法上并不科学。过多热量摄入易造成肥胖，而肥胖又是引发其他很多慢性病的重要原因。调查显示，人们重视健康饮食，却忽视热量摄入（见图54）。

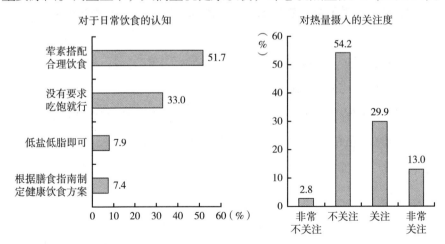

图54　日常饮食：重视健康饮食却忽视热量摄入

① 数据说明：您的日常美容保养主要采用哪些方式？（N = 1203，多选）

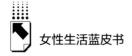
在运动健身方面，专家认为：正常成年人每周3次以上、每次60分钟左右、有氧与无氧结合才是科学的运动方式，人们认同这一方法，但在行动上常常"口是"却难以"身至"（见图55）。

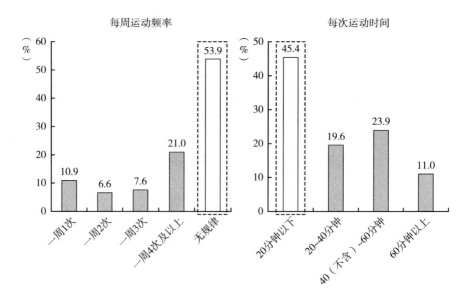

图55 运动健身：在运动频率、时间长度上既不科学也不合理

7. 内服保健品：减肥纤体、美容养颜"C位出道"

调查显示，290名被调查女性中有91.0%表示服用过膳食保健品。在女性膳食保健品消费中，以酵素、益生菌等为代表的减肥纤体类产品和胶原蛋白、葡萄籽等美容养颜类产品消费较为突出（见图56、图57、图58）。

三 展望与建议

新生代主要是指"80后"、"90后"和"00后"。在我国，新生代中的绝大部分是独生子女，成长于中国经济高速增长的时期。相较

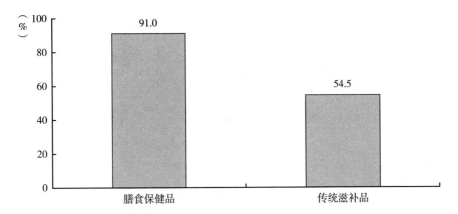

图56　主要服用过的保健品类型①

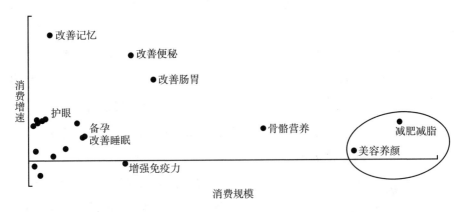

图57　MAT 2021线上女性膳食保健品分功效消费规模及同比增速

于上一代，他们大多在优渥的环境和条件中生长。他们也是伴随互联网发展成长起来的一代，海量网络信息使他们眼界更开阔、观念也更多元。新生代善于自己做决策，在思想上更加独立，行动上也更加自主。这些特征在本次调查中也得到了充分印证，同时新生代女性特有的价值追求和多元需求也在本次调查中得以体现。

---

① 数据说明：您主要服用哪种类型的保健品？（N=290，多选）

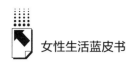

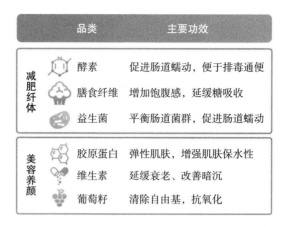

品类		主要功效
减肥纤体	酵素	促进肠道蠕动，便于排毒通便
	膳食纤维	增加饱腹感，延缓糖吸收
	益生菌	平衡肠道菌群，促进肠道蠕动
美容养颜	胶原蛋白	弹性肌肤，增强肌肤保水性
	维生素	延缓衰老、改善暗沉
	葡萄籽	清除自由基、抗氧化

图58　MAT2021线上女性购买减肥纤体
及美容养颜膳食保健品品类

首先，女性自主意识和追求愈益强烈。她们更加重视自我感受、自我投资和自我成长。在消费层面，她们更加追求由内而外、精致细心的全方位养护，特殊时期如生理期、孕期、产后也从不懈怠，"悦己"成为女性做选择的重要出发点。悦己不止于追求美，而是追求更加健康舒适的生活方式。

其次，掌控人生主动权是新生代女性的价值观。她们努力摆脱各种标签与束缚，对于自我的追寻不仅体现在她们在婚恋中和处理两性的关系中掌握更多的主动权，而且体现在她们要全方位掌握自己的人生。用她们的话来说就是：人生剧本要由自己来定义，来书写。

新生代是当下我国的育龄主力人群，更是全面建设社会主义现代化国家的有生力量和重要人力资源。多重的责任和压力，给新生代带来更多挑战，全社会应予以更多的关注与支持。

一是培树正确的婚恋观、新时代家庭观，进一步强化婚育教育和服务。正确的婚恋观是家庭幸福的前提，幸福的家庭是社会和谐的基础。政府有关部门、家庭、学校、社会等多方主体应当正视青年的情感教育需求，给予更多支持和指导，更好缓解他们的婚恋焦虑。针对青年人交友难、圈子窄，相关部门、群团组织要做好"服务员"，既要组织未婚青年参加文体娱乐、兴趣培养、技能提升、社会服务等健康向上的集体活动，加大青年社会交往的广度和深度，又要帮助他们转变对婚恋的一些错误观念。针对青年人在恋爱中遇到的困惑，相关单位、企业、机构要做好"引导员"，在严守职业道德和行业操守的同时，发挥心理咨询师、婚恋咨询等专业人员的作用，结合青年特点对恋爱交友过程、婚姻家庭生活的心理和行为进行服务、指导，帮助青年解决实际问题；加强价值观念引领，大力倡导文明健康的婚恋观，鲜明抵制拜金主义、物质化的婚恋观。针对婚恋等相关行业违法违规行为，职能部门要当好"监管员"，引导婚介机构等依法经营，依规服务。文化机构、出版单位要多打造积极向上的婚恋、家庭题材的影视作品、文艺作品，当好正确婚恋观、新时代家庭观的"宣传员"。父母作为孩子的第一任老师、家庭作为孩子的第一所学校，要承担和发挥好"示范员"作用，父母要及早加强对子女的性教育和两性关系教育，同时更要用自身的行动示范，营造夫妻和睦的优良家风，增强对子女的正向激励，激发子女对美好婚恋生活的向往。

二是加速政策落地，缓解生育焦虑，营造生育友好型社会环境。自三孩生育政策及配套措施推出至目前，大部分省份已完成人口与计划生育条例修订，部分省份已制定实施方案。目前各地鼓励生育措施主要包括时间支持、经济支持和服务支持等。但从时间支持措施来看，主要还是延长母亲的产假，如果将育儿责任过多聚焦在女性身上，不利于形成家庭责任共担机制，建议积极探讨和推出家庭成员特别是父亲的陪产假和育儿假等相关假期制度；对于经济支持政策，除了给儿童津贴、给家庭津贴、给父母各种照护津贴，以及个税育儿费用扣除减免等政策外，应积极探讨和制定针对企业的优惠政策，如给

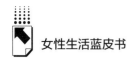

予企业聘用女性员工、女工返岗培训补贴及相应的税收减免等，避免将产假压力留给企业一方，以此保护女性的职业发展前景；在服务支持措施方面，要根据家庭生育、养育、教育"三位一体"多样化需求，加大公立托育机构、教育资源均等化建设，同时积极拓展居家帮助、课后照顾等服务内容。总之，要建立政府、社会、企业、个人分担机制，形成家庭责任合力共担，并提供质量高、普惠性和可及性强的"三位一体"公共服务。

三是破除传统观念，男性参与支持更重要。女性与男性共同承担社会生活和家庭生活"两个责任"至关重要。在我国，传统的性别观念和价值观念仍然在发挥着作用。因而在性别平等的公共教育中，需要进一步加大男女两性均有个人发展的平等诉求以及男女两性均应同等承担家庭责任和义务的公共宣传教育。有专家认为，从备孕到孕期到生产，自始至终参与的丈夫在成为父亲后，其角色转换会更加顺畅。建议女性在备孕前要与丈夫充分交流，共同制订生活方式改善计划，比如适度进行身体锻炼、改变不良的生活习惯和饮食习惯等。在孕期，女性应多鼓励丈夫参与孕期生活，一起学习和储备育儿知识，一起进行分娩准备，一起与胎宝宝互动，一起准备育儿用品等，培养父亲的角色感和责任心。宝宝本能地会更亲近妈妈，而爸爸需要时间适应和培养与宝宝的关系。对于没有空闲时间参与孕期生活的丈夫，需要妈妈多创造实践机会，对爸爸的行动多给予鼓励和赞美，从而强化丈夫与宝宝间的亲子关系。当宝宝更愿意亲近爸爸并时常与爸爸互动时，成就感就能帮助爸爸提升参与度；在宝宝获得更多父爱的同时，妈妈也能得到更多休息和充电的时间，从而为重返职场或成就事业奠定更加坚实的基础。

执笔：吴宝丽，中国妇女杂志社副社长，中国家庭文化研究会副会长，中国妇女报刊协会副会长，文学学士、公共管理硕士。

王睿霖，友乐活（北京）网络科技有限公司大姨妈 App 副总裁、策划总监，工商管理学士，金鼠标数字营销大赛、IAI 国际广告奖、上海国际广告奖、金梧奖等奖项评委，曾获金瑞营销奖、IAI 国际广告奖等。

B.5
乳腺癌患者生活状况调查报告

中国妇女杂志社　华坤女性生活调查中心

摘　要： 对 4259 位乳腺癌患者的调查结果显示，她们确诊时平均年龄为 46 岁；自认为患癌的首因是"精神和心理压力大"（79.1%）；除 14.1%保乳成功外，佩戴义乳成为普遍选择；"按时复诊，配合医生治疗"（83.8%）和"家人的支持和照顾"（78.8%）等，助力乳腺癌患者重建新生活；她们"注意营养搭配，积极健身锻炼，养成良好的生活方式""珍惜生命，发展了很多兴趣爱好"。建议：加大科普宣传，重视心理关爱，减轻患者及家庭的经济负担，提高义乳质量，加快培养具有形体美学技能的医学人才。

关键词： 乳腺癌患者　健康生活方式　心理关爱

为深入了解乳腺癌患者预后生活质量，以及她们的所思所想所需所盼，为她们提供更加切实可行的关爱和帮助，中国妇女杂志社、华坤女性生活调查中心联合彼悦科技共同开展了"乳腺癌患者生活状况调查"。2021 年 9 月，在 Ubras Care 交互平台投放电子问卷，重点向深圳市粉红丝带乳腺关爱中心在一二线城市建立的乳腺癌患者社群"筑梦空间"进行了推送，问卷总浏览量 64236 次，共有 4281 人填答问卷，回收有效问卷 4259 份，有效回收率为 99.5%。按照不同地区、不同年龄、不同职业，从中抽取 5 位有代表性的患者进行了深度个案访谈。

本次调查由著名乳腺专家张保宁教授担任专业顾问。本报告使用统计分析软件 SPSS 进行数据筛查、逻辑检验和统计分析，结合个案访谈进行相互印证和综合研究，得出以下结论。

一 被调查女性的基本情况

1. 87.0%的被调查女性来自六大城市

调查显示，被调查女性主要来自六个城市，依次是：杭州（22.6%）、北京（18.1%）、广州（13.6%）、成都（13.1%）、上海（12.4%）和深圳（7.2%）（见表1）。

表1　被调查女性的居住城市

单位：人，%

城市	计数	有效百分比
北京	773	18.1
上海	529	12.4
杭州	964	22.6
广州	578	13.6
深圳	305	7.2
成都	556	13.1
其他城市	554	13.0
合计	4259	100.0

2. 被调查女性平均年龄53岁

本次调查面向 18 岁及以上女性患者。调查显示，被调查女性平均年龄 53 岁，其中最小年龄 26 岁，最大年龄 92 岁。45～49 岁、50～54 岁、55～59 岁三个年龄段被调查女性占比超过一半，为55.3%（见表2）。

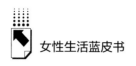

表 2　被调查女性年龄分组情况

单位：人，%

年龄	计数	有效百分比
40 岁以下	413	9.7
40~44 岁	438	10.3
45~49 岁	752	17.7
50~54 岁	842	19.8
55~59 岁	758	17.8
60~64 岁	506	11.9
65 岁及以上	550	12.9
合计	4259	100.0

3. 98.2%的被调查女性已婚或有婚史

调查显示，在被调查女性中，已婚占 86.3%，未婚有伴侣占
0.9%，未婚无伴侣占 0.9%，离异占 7.3%，丧偶占 4.6%（见
表 3）。

表 3　被调查女性的婚姻状况

单位：人，%

婚姻状况	计数	有效百分比
未婚有伴侣	38	0.9
未婚无伴侣	39	0.9
已婚	3674	86.3
离异	312	7.3
丧偶	196	4.6
合计	4259	100.0

4. 95.8%的被调查女性有孩子

调查显示，在被调查女性中，有孩子的占 95.8%，没有孩子的
占 4.2%。其中，有 1 个孩子的占 70.8%，有 2 个孩子的占 23.0%，
有 3 个孩子的占 1.8%，有 4 个及以上孩子的占 0.2%（见表 4）。

表4 被调查女性生育状况

单位：人，%

孩子	计数	有效百分比
没有孩子	178	4.2
有一个	3015	70.8
有两个	979	23.0
有三个	78	1.8
四个及以上	9	0.2
合计	4259	100.0

5. 高中和中专/中技学历被调查女性近四成

调查显示，高中和中专/中技学历被调查女性近四成，占比为39.9%；其次是初中及以下，占比为30.3%；受过高等教育的被调查女性（包括大专16.5%，本科12.1%，研究生及以上1.2%）占比为29.8%（见表5）。

表5 被调查女性的受教育状况

单位：人，%

受教育状况	计数	有效百分比
初中及以下	1291	30.3
高中	1202	28.2
中专/中技	498	11.7
大学专科	702	16.5
大学本科	516	12.1
研究生及以上	50	1.2
合计	4259	100.0

6. 近一半被调查女性已退休

调查显示，被调查女性的职业状况按比例由高到低依次为：退休的约占一半（46.0%），普通职员占14.3%，全职在家的占12.7%，自由职业者占6.8%，企事业单位管理人员占5.4%，下岗/待业的占

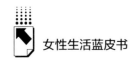
4.3%，个体经营者占 3.0%，体力劳动者占 2.6%，公务员占 1.7%，私营企业主 0.6%（见表 6）。

表6　被调查女性的职业状况

单位：人，%

职业	计数	有效百分比
企事业单位管理人员	231	5.4
普通职员	610	14.3
体力劳动者	109	2.6
公务员	72	1.7
自由职业者	290	6.8
私营企业主	27	0.6
个体经营者	128	3.0
全职在家	543	12.7
退休	1960	46.0
下岗/待业	182	4.3
其他	107	2.5
合计	4259	100.0

二　被调查女性患病及康复情况

1. 乳腺癌确诊时平均年龄46岁

我国乳腺癌发病一直呈现两个高发年龄段，45~55 岁为一个高峰，65 岁以后为另一个高峰[①]。调查显示，被调查女性确诊时的平均年龄为 46 岁，其中确诊时年龄最小的仅 18 岁，确诊时年龄最大的为 80 岁。在确诊时的年龄分组中，占比由高到低依次是：45~

———————

① 来源：世界卫生组织国际癌症研究机构（IAPC）。

49 岁占比最高，为 25.1%；其次为 40 岁以下，占比 20.6%；再次为 40~44 岁，占比 18.9%；50~54 岁占比 17.9%。45~54 岁合计占比超四成，为 43.0%，与我国乳腺癌第一个发病高峰期的状况相吻合（见表 7）。

表 7　被调查女性确诊时的年龄情况

单位：人，%

确诊时的年龄	计数	有效百分比
40 岁以下	877	20.6
40~44 岁	803	18.9
45~49 岁	1068	25.1
50~54 岁	764	17.9
55~59 岁	439	10.3
60~64 岁	206	4.8
65 岁及以上	102	2.4
合计	4259	100.0

据统计，随着近年来乳腺癌临床诊疗规范化程度不断提升，我国乳腺癌患者的五年生存率达到了 83.2%[1]。

将本次被调查女性的实际年龄减去确诊时的年龄，被调查女性的"癌龄"平均为 6 年。目前患癌 5 年及以下的被调查女性超过一半，为 56.4%；患病 6~9 年的被调查女性占 24.1%；患病 10~14 年的占 11.9%；患病 15 年及以上的被调查女性占比 7.6%（见表 8）。

调查表明，四成多被调查女性已痊愈，而超过一半患癌 5 年及以下的被调查女性大部分表示康复状况良好。随着乳腺癌防治知识的进

---

[1]　国家癌症中心：《我国癌症患者的 5 年生存率十年提升了近 10 个百分点》，《中国青年报》，2020-10-16，https：//baijiahao.baidu.com/s？id=1680719247422076037&wfr=spider&for=pc。

一步普及、人们健康生活方式的养成、乳腺癌筛查力度的不断加大，以及医疗水平的快速发展，相信乳腺癌患者康复率还会不断提高，生存期也会不断延长。

世界卫生组织发布的有关癌症数据表明①，乳腺癌现已居中国女性恶性肿瘤发病第一位，每年发病约为 30.4 万例。乳腺癌患者在我国已成为一个庞大人群，她们的预后生活需要得到更多的社会支持和关注。

表 8　被调查女性的病史情况

单位：人，%

病史	计数	有效百分比
5 年及以下	2401	56.4
6~9 年	1026	24.1
10~14 年	508	11.9
15~19 年	175	4.1
20 年及以上	149	3.5
合计	4259	100.0

2. 自认为"精神和心理压力大"是患癌首因

人们常把乳腺癌称为"情绪癌"。肿瘤病因学研究认为，尽管目前乳腺癌致病原因尚不明确，但的确与人的精神和心理状态相关。调查结果显示，被调查女性认为导致她们患癌的最主要因素是"精神和心理压力大"，占比 79.1%；认为是"患乳腺良性疾病未及时治疗"的，占比 35.2%；"月经初潮早（≤12 岁），绝经迟（≥55岁）"② 的，占比 11.5%；具有"抽烟、饮酒、熬夜等不良生活方

---

① 国家癌症中心公布中国乳腺癌女性最新数据，http://news.hnr.cn/djn/article/1/1356774665976156160? source=mobile.

② 月经初潮早：≤12 岁；绝经迟：≥55 岁。

式"的,占比 11.0%;"乳腺密度高",占比 10.3%;"绝经前后雌激素水平高,绝经后肥胖"的,占比 9.6%;有"乳腺癌家族史"的,占比 9.0%;其他如"胸部接受过高剂量放射线照射"(2.8%)、"患子宫内膜异位症"(2.7%)等,也是被调查女性认为的患癌原因(见表9)。

表9　被调查女性认为的患病原因

单位:次,%

患病原因	计数	个案百分比	排序
精神和心理压力大	3370	79.1	1
抽烟、饮酒、熬夜等不良生活方式	467	11.0	4
乳腺癌家族史	385	9.0	7
未婚,未育,未哺乳	190	4.5	9
患乳腺良性疾病未及时治疗	1501	35.2	2
患子宫内膜异位症	115	2.7	11
乳腺密度高	437	10.3	5
月经初潮早(≤12岁),绝经迟(≥55岁)	488	11.5	3
绝经前后雌激素水平高,绝经后肥胖	410	9.6	6
长期服用外源性雌激素	198	4.6	8
胸部接受过高剂量放射线照射	118	2.8	10
其他	246	5.8	

注:样本数为4259。

3. 仅有14.1%的被调查女性保乳成功

乳房是女性最主要的性征之一,无论是从健康角度还是从形体审美角度,女性都希望拥有一副健康完整的乳房。调查显示,左侧乳房切除的占比 41.4%,右侧乳房切除的占比 40.5%,双侧乳房切除的占比 4.1%,部分病变体切除、保留乳房的占比 14.1%。可见,由于癌症发病程度、医疗技术水平和经济能力等的限制,采用保乳术的比例还不高(见表10)。

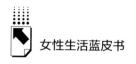

表 10　被调查女性采取的治疗方式

单位：人，%

治疗方式	计数	有效百分比
左侧乳房切除	1764	41.4
右侧乳房切除	1723	40.5
双侧乳房切除	173	4.1
部分病变体切除、保留乳房	599	14.1
合计	4259	100.0

（1）年轻被调查女性保乳比例相对较高

随着医疗技术水平的不断进步，保乳或乳房再造成功率大大提升，成本也在不断下降。出于夫妻关系和谐、孩子哺乳和保持形体美丽等多种考虑，40 岁以下被调查女性采用保留乳房手术的比例最高，为 19.7%。被调查女性选择保乳的比例与其确诊时所处的年龄段相关，60~64 岁被调查女性采用保留乳房手术的比例最低（见表 11）。

表 11　确诊时的年龄和治疗方式情况

单位：人，%

治疗方式	类别	40 岁以下	40~44 岁	45~49 岁	50~54 岁	55~59 岁	60~64 岁	65 岁及以上
左侧乳房切除	计数	345	331	458	318	183	84	45
	百分比	39.3	41.2	42.9	41.6	41.7	40.8	44.1
右侧乳房切除	计数	322	337	437	302	186	97	42
	百分比	36.7	42.0	40.9	39.5	42.4	47.1	41.2
双侧乳房切除	计数	37	24	38	45	21	4	4
	百分比	4.2	3.0	3.6	5.9	4.8	1.9	3.9
部分病变体切除、保留乳房	计数	173	111	135	99	49	21	11
	百分比	19.7	13.8	12.6	13.0	11.2	10.2	10.8

（2）高学历被调查女性保乳比例相对较高

受教育程度不同，选择手术方式也不同。调查显示，随着受教育程度升高，被调查女性群体选择保留乳房手术的比例在上升。研究生及以上被调查女性保留乳房手术的比例最高，为30.0%；大学本科居其次，为21.5%；初中及以下的比例最低，为10.5%（见表12）。根据这一数据推测和个案访谈印证，高学历被调查女性自查、筛查意识更强，乳腺癌发现早治疗及时，且有一定的经济实力做保证，从而提升了采用保乳手术的机会。

表12　受教育程度与治疗方式情况

单位：人，%

治疗方式	类别	初中及以下	高中	中专/中技	大学专科	大学本科	研究生及以上
左侧乳房切除	计数	560	509	198	290	191	16
	百分比	43.4	42.3	39.8	41.3	37.0	32.0
右侧乳房切除	计数	549	489	215	263	192	15
	百分比	42.5	40.7	43.2	37.5	37.2	30.0
双侧乳房切除	计数	47	51	15	34	22	4
	百分比	3.6	4.2	3.0	4.8	4.3	8.0
部分病变体切除、保留乳房	计数	135	153	70	115	111	15
	百分比	10.5	12.7	14.1	16.4	21.5	30.0

4. 绝大多数被调查女性积极乐观开启新生活

如果在"筑梦空间"病友社群问"你几岁"，指的不是人的生理年龄，而是患癌后的生存期年龄，抗癌是她们第二次生命的开始。调查结果表明，绝大多数被调查女性预后生活都出现了积极变化。调查显示，"注意营养搭配，积极健身锻炼，养成良好的生活方式"，占比 74.8%；"珍惜生命，好好生活，发展了很多兴趣爱好"，占比 73.5%；"不再当'拼命三娘'，与家人相处陪伴的时间多了"，占比 50.3%；"扩大朋友圈，参加各种社群活动和义工服务，觉得生活更有意义了"，占比 42.8%；"更爱美了，从妆容到发型、从内衣到外衣全部焕然一新"，占比 27.7%。

调查同时发现，也有一部分被调查女性陷入了人生低潮。27.9%的人表示"经济压力增大，家庭生活困难"；19.2%的人"感觉不再完美，不敢正视自己的身体"；13.6%的人"缺乏自信，自惭形秽，内心非常自卑"；"难以找到合适的新工作"，占比 13.2%；"焦虑、失眠、厌食，感觉要崩溃了"，占比 11.0%；"总缩在家里，出现社恐症，很长时间没有参加朋友聚会了"，占比 8.2%；"工作受到影响，被调岗或辞退"，占比 6.5%（见表 13）。

表 13　被调查女性患病后的生活改变

单位：次，%

生活改变	计数	个案百分比	排序
更爱美了，从妆容到发型、从内衣到外衣全部焕然一新	1181	27.7	6
珍惜生命，好好生活，发展了很多兴趣爱好	3129	73.5	2
不再当"拼命三娘"，与家人相处陪伴的时间多了	2142	50.3	3
注意营养搭配，积极健身锻炼，养成良好的生活方式	3184	74.8	1
扩大朋友圈，参加各种社群活动和义工服务，觉得生活更有意义了	1820	42.8	4
感觉不再完美，不敢正视自己的身体	816	19.2	7
总缩在家里，出现社恐症，很长时间没有参加朋友聚会了	351	8.2	11
缺乏自信，自惭形秽，内心非常自卑	580	13.6	8
焦虑、失眠、厌食，感觉要崩溃了	467	11.0	10

生活改变	计数	个案百分比	排序
丈夫不愿触碰自己身体,夫妻矛盾增加,关系不和谐了	141	3.3	12
工作受到影响,被调岗或辞退	278	6.5	11
难以找到合适的新工作	561	13.2	9
经济压力增大,家庭生活困难	1187	27.9	5
其他	36	0.8	

5. 配合治疗和家人支持是乳腺癌康复主因

被调查女性认为,乳腺癌康复最主要因素包括:"按时复诊,配合医生治疗",占比 83.8%;"家人的支持和照顾",占比 78.8%;"健康饮食",占比 75.0%;"运动健身",占比 61.9%;"正视疾病,缓解焦虑",占比 34.2%;"专业指导下的康复训练",占比 30.9%;"正常的社会交往",占比 24.1%;"充实自己",占比 23.8%;"和谐的夫妻关系",占比 22.4%(见表14)。

表14 被调查女性认为利于身体康复的重要因素

单位:次,%

因素	计数	个案百分比	排序
家人的支持和照顾	3355	78.8	2
按时复诊,配合医生治疗	3571	83.8	1
专业指导下的康复训练	1314	30.9	6
运动健身	2636	61.9	4
健康饮食	3195	75.0	3
和谐的夫妻关系	953	22.4	9
正视疾病,缓解焦虑	1455	34.2	5
正常的社会交往	1026	24.1	7
充实自己	1013	23.8	8
其他	7	0.2	10

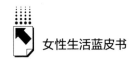

6. 获取乳腺癌术后康复信息的七大渠道

调查显示，被调查女性获取乳腺癌术后康复信息的七大渠道，按选择比例高低排序依次是："治疗医生"，占比 67.2%；"病友或参与互助社群、俱乐部信息"，占比 66.7%；"医疗健康类公众号"，占比 45.2%；"乳腺病治疗的平台"，占比 35.1%；"参加医院或企业举办的讲座"，占比 25.2%；"家人、朋友推送的信息"，占比 19.1%；"抖音或小红书的专业博主"，占比 2.3%（见表15）。

表 15　被调查女性获取乳腺癌术后康复信息的渠道

单位：次，%

渠道	计数	有效百分比	排序
治疗医生	2864	67.2	1
医疗健康类公众号	1925	45.2	3
病友或参与互助社群、俱乐部信息	2842	66.7	2
乳腺病治疗的平台	1496	35.1	4
参加医院或企业举办的讲座	1072	25.2	5
抖音或小红书的专业博主	100	2.3	7
家人、朋友推送的信息	815	19.1	6
其他	19	0.4	

三　被调查女性佩戴义乳产品情况

1. 佩戴义乳文胸比例高，乳房重建需求强烈

世界卫生组织下属国际癌症研究机构发布的《2020 全球癌症报告》① 显示，我国乳房重建率与乳腺癌高发病率、高手术率相比，是非常低的。这有多方面原因，如乳房重建医学专业人才匮乏，并且我

---

① 世界卫生组织国际癌症研究机构（IARC）发布 2020 年全球最新癌症数据，https：//www.sohu.com/a/443358070_ 120051436。

国乳腺外科医生与整形医生之间分界明显，乳房整形主要出于健康人的审美需要，乳腺外科和乳房整形没有建立起联合协同手术机制，当乳腺外科医生不具备乳房整形技术时，就很难推动一体再造手术的发展。因此，佩戴义乳成为当下乳房切除者的普遍选择。

调查显示，"未行乳房重建、佩戴义乳"的被调查女性占71.6%，她们对乳房重建的意愿和需求正在增长。被调查女性表示，只要经济能力承受得起，她们希望进行乳房重建。其中希望"切除乳癌同时行乳房再造"的占比14.7%；希望用"自体乳房再造"的占比9.6%；希望"切除乳癌术后再行乳房再造"的占比9.1%；希望用"假体乳房再造"的占比7.5%；希望采用"自体+假体乳房再造"的占比5.6%（见表16）。

表16　被调查女性希望重建乳房的方式

单位：次，%

希望的方式	计数	个案百分比	排序
切除乳癌同时行乳房再造	625	14.7	2
切除乳癌术后再行乳房再造	387	9.1	4
假体乳房再造	319	7.5	5
自体+假体乳房再造	240	5.6	6
自体乳房再造	407	9.6	3
未行乳房再造、佩戴义乳	3050	71.6	1
其他	231	5.4	

2. 八成被调查女性术前罩杯尺码在75厘米和85厘米之间

根据被调查女性回忆，手术前罩杯70厘米（含A、B、C、D，下同）的占6.6%，75厘米占24.6%，80厘米占28.3%，85厘米占27.5%，90厘米占7.7%，95厘米占3.5%，100厘米占1.6%（见表18）。可见，八成被调查女性手术前的罩杯尺寸在75厘米和85厘米之间，符合中国女性整体普遍的罩杯规格。

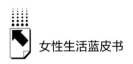

表17 被调查女性术前的罩杯尺码

单位：人，%

术前罩杯	计数	有效百分比
70A	191	4.5
70B	74	1.7
70C	19	0.4
70D	1	0.0
75A	446	10.5
75B	508	11.9
75C	75	1.8
75D	14	0.3
75E	4	0.1
80A	488	11.5
80B	520	12.2
80C	170	4.0
80D	27	0.6
85A	367	8.6
85B	569	13.4
85C	188	4.4
85D	40	0.9
85E	8	0.2
90A	134	3.1
90B	111	2.6
90C	64	1.5
90D	21	0.5
90E	2	0.0
95A	49	1.2
95B	59	1.4
95C	30	0.7
95D	8	0.2
95E	4	0.1
100A	29	0.7
100B	13	0.3
100C	11	0.3
100D	5	0.1
100E	10	0.2
合计	4259	100.0

3.三成被调查女性术后胸围有变化

乳腺癌手术后，被调查女性选择胸围 70 厘米（含 A、B、C、D，下同）的占 6.0%，75 厘米占 18.1%，80 厘米占 28.1%，85 厘米占 30.5%，90 厘米占 10.3%，95 厘米占 4.8%，100 厘米占 2.2%（见表 18）。

表 18 被调查女性术后的罩杯尺码

单位：人，%

术后罩杯	计数	有效百分比
70A	165	3.9
70B	74	1.7
70C	17	0.4
70D	1	0.0
75A	329	7.7
75B	370	8.7
75C	64	1.5
75D	9	0.2
75E	1	0.0
80A	507	11.9
80B	538	12.6
80C	130	3.1
80D	23	0.5
80E	1	0.0
85A	423	9.9
85B	637	15.0
85C	196	4.6
85D	38	0.9
85E	3	0.1
90A	148	3.5
90B	180	4.2
90C	81	1.9
90D	26	0.6
90E	2	0.0
95A	77	1.8
95B	75	1.8
95C	39	0.9
95D	10	0.2

续表

术后罩杯	计数	有效百分比
95E	3	0.1
100A	33	0.8
100B	13	0.3
100C	22	0.5
100D	8	0.2
100E	16	0.4
合计	4259	100.0

通过对术前和术后的胸围尺寸对比课题组发现，69.3%的被调查女性术后胸围没有较大变化；也有一部分被调查女性由于服用激素类抗癌药物而体型发胖，胸围增大，占比23.4%；还有7.3%的被调查女性胸围变小（见图1和图2）。

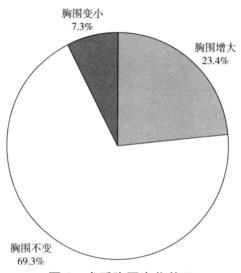

图1　术后胸围变化状况

4.获取义乳文胸信息主要靠朋友/病友

调查结果显示，获取义乳文胸信息靠"朋友/病友推荐"，占比79.9%；"品牌公益活动赠送"，占比36.5%；"实体店了解"，占比

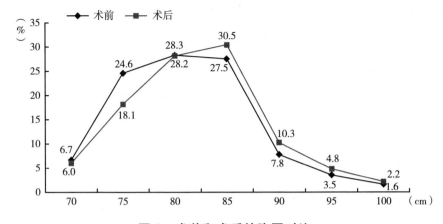

图2 术前和术后的胸围对比

27.7%；"医生/医院推荐"，占比 20.3%；"医疗健康类公众号推荐"，占比 13.5%；在"购物网站搜索"，占比 10.8%；"抖音等直播了解"，占比 2.4%；"小红书博主推荐"，占比 1.3%（见表19）。

表19 被调查女性获取义乳文胸信息的渠道

单位：次，%

渠道	计数	有效百分比	排序
朋友/病友推荐	3405	79.9	1
购物网站搜索	462	10.8	6
实体店了解	1179	27.7	3
品牌公益活动赠送	1555	36.5	2
医生/医院推荐	866	20.3	4
抖音等直播了解	102	2.4	7
小红书博主推荐	57	1.3	8
医疗健康类公众号推荐	573	13.5	5
其他	115	2.7	

不同年龄段被调查女性在获取义乳文胸信息渠道上存在差异。随着年龄增加，不同年龄段被调查女性群体通过购物网站获取信息的比

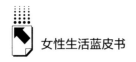
例不断下降，"40岁以下"被调查女性选择抖音直播、小红书博主、医疗健康类公众号等推荐的比例在各年龄段中最高；随着年龄增加，不同年龄段被调查女性群体通过品牌公益活动赠送的比例不断上升；55~59岁和60~64岁被调查女性到实体店了解的比例均超过30%（见表20）。

表20　不同年龄段被调查女性获取义乳文胸信息的渠道

单位：人，%

渠道	类别	40岁以下	40~44岁	45~49岁	50~54岁	55~59岁	60~64岁	65岁及以上
朋友/病友推荐	计数	325	361	632	682	585	403	417
	百分比	78.7	82.4	84.0	81.0	77.2	79.6	75.8
购物网站搜索	计数	65	57	108	93	74	38	27
	百分比	15.7	13.0	14.4	11.0	9.8	7.5	4.9
实体店了解	计数	94	106	198	243	230	173	135
	百分比	22.8	24.2	26.3	28.9	30.3	34.2	24.5
品牌公益活动赠送	计数	83	116	228	312	310	222	284
	百分比	20.1	26.5	30.3	37.1	40.9	43.9	51.6
医生/医院推荐	计数	101	114	158	173	130	78	112
	百分比	24.5	26.0	21.0	20.5	17.2	15.4	20.4
抖音等直播了解	计数	14	9	16	18	22	11	12
	百分比	3.4	2.1	2.1	2.1	2.9	2.2	2.2
小红书博主推荐	计数	16	11	4	3	12	5	6
	百分比	3.9	2.5	0.5	0.4	1.6	1.0	1.1
医疗健康类公众号推荐	计数	72	68	94	124	95	46	74
	百分比	17.4	15.5	12.5	14.7	12.5	9.1	13.5
其他	计数	8	9	14	16	22	19	27
	百分比	1.9	2.1	1.9	1.9	2.9	3.8	4.9

5. 购买低价义乳文胸较普遍

调查结果显示，被调查女性购买义乳文胸价位的选择占比从高到低依次为："100～300 元"占比 51.9%，"100 元以下"占比 27.1%，"300（不含）～500 元"占比 18.8%，"量体定制义乳文胸"占比 12.7%，"不穿义乳文胸"占比 11.0%，"500（不含）～1000 元"占比 8.2%，"1000 元以上"占比 6.6%（见表 21）。

表 21　被调查女性购买义乳文胸的价位

单位：次，%

价位	计数	个案百分比	排序
100 元以下	1156	27.1	2
100～300 元	2210	51.9	1
300（不含）～500 元	802	18.8	3
500（不含）～1000 元	348	8.2	6
1000 元以上	280	6.6	7
量体定制义乳文胸	539	12.7	4
不穿义乳文胸	469	11.0	5

不同城市被调查女性在购买义乳文胸的价位上存在显著差异。广州选择购买 100 元以下的低价位义乳文胸的被调查女性的占比最高，为 38.9%；购买 500（不含）～1000 元和 1000 元以上的中高档义乳文胸，成都、北京和杭州的占比均进入前三；在量体定制义乳文胸的被调查女性中，北京、广州和上海的占比位列前三（见表 22）。

表 22　不同城市被调查女性购买义乳文胸的价位差别

单位：次，%

价位	类别	北京	上海	杭州	广州	深圳	成都	其他城市
100 元以下	计数	208	148	168	225	78	166	163
	百分比	26.9	28.0	17.4	38.9	25.6	29.9	29.4

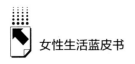

续表

价位	类别	北京	上海	杭州	广州	深圳	成都	其他城市
100~	计数	395	266	494	296	170	300	289
300元	百分比	51.1	50.3	51.2	51.2	55.7	54.0	52.2
300(不含)~	计数	154	120	190	75	64	107	92
500元	百分比	19.9	22.7	19.7	13.0	21.0	19.2	16.6
500(不含)~	计数	78	36	91	34	16	60	33
1000元	百分比	10.0	6.8	9.4	5.9	5.2	10.8	6.0
1000元	计数	70	28	79	29	5	40	29
以上	百分比	9.1	5.3	8.2	5.0	1.6	7.2	5.2
量体定制	计数	124	80	103	94	30	62	46
义乳文胸	百分比	16.0	15.1	10.7	16.3	9.8	11.2	8.3
不穿义	计数	73	45	161	45	35	44	66
乳文胸	百分比	9.4	8.5	16.7	7.8	11.5	7.9	11.9

6.七成被调查女性两年内更换一次义乳文胸

调查结果显示，被调查女性更换一次义乳文胸的频率在"六个月（不含）到一年"的，占比29.0%；"一年（不含）到一年半"的，占比23.4%；"两年以上"的，占比17.8%；"一年半（不含）到两年"的，占比12.5%；"不穿义乳文胸"的，占比9.6%；"六个月及以下"的，占比7.8%（见表23）。

表23　被调查女性购买义乳文胸的频率

单位：人，%

频率	计数	有效百分比
六个月及以下	332	7.8
六个月（不含）到一年	1233	29.0
一年（不含）到一年半	995	23.4
一年半（不含）到两年	534	12.5
两年以上	756	17.8
不穿义乳文胸	409	9.6

不同年龄段被调查女性在购买义乳文胸的频率上存在显著差异。以50岁为分界线，50岁以下的三个年龄段购买义乳文胸的频率更高，选择"六个月及以下"和"六个月（不含）到一年"的比例较高，但选择"不穿义乳文胸"的占比也较高。50岁及以上的四个年龄段购买义乳文胸的频率相对较低，选择"一年（不含）到一年半""一年半（不含）到两年"和"两年以上"的比例均较高（见表24）。

表24　不同年龄段被调查女性购买义乳文胸的频率

单位：人，%

频率	类别	40 岁以下	40~44 岁	45~49 岁	50~54 岁	55~59 岁	60~64 岁	65 岁及以上
六个月及以下	计数	65	43	68	42	35	33	46
	百分比	15.7	9.8	9.0	5.0	4.6	6.5	8.4
六个月（不含）到一年	计数	149	147	228	240	221	124	124
	百分比	36.1	33.6	30.3	28.5	29.2	24.5	22.5
一年（不含）到一年半	计数	61	93	139	208	181	144	169
	百分比	14.8	21.2	18.5	24.7	23.9	28.5	30.7
一年半（不含）到两年	计数	34	38	90	116	120	69	67
	百分比	8.2	8.7	12.0	13.8	15.8	13.6	12.2
两年以上	计数	31	56	137	166	147	107	112
	百分比	7.5	12.8	18.2	19.7	19.4	21.1	20.4
不穿义乳文胸	计数	73	61	90	70	54	29	32
	百分比	17.7	13.9	12.0	8.3	7.1	5.7	5.8

7. 义乳过重被认为是购买/穿戴中的首要问题

调查结果显示，认为"义乳过重"的，占比37.1%；"大小不对称，义乳偏高/义乳偏低"，占比 36.1%；"义乳价格高"，占比 32.8%；"义乳跑位，从上边缘露出/左右移位"，占比 29.0%；"义乳排汗功能差"，占比 22.8%；"可供选择的款式太少"，占比 21.7%；"挑选不到合适形状的义乳"，占比 14.7%；"黏性义乳产生皮疹"，占比 3.5%（见表 25）。

表 25   被调查女性购买/穿戴义乳文胸出现过的问题

单位：次，%

问题	计数	有效百分比	排序
义乳过重	1581	37.1	1
义乳跑位，从上边缘露出/左右移位	1233	29.0	4
义乳与文胸不匹配	913	21.4	7
大小不对称，义乳偏高/义乳偏低	1539	36.1	2
购买义乳及义乳文胸的场所太少	707	16.6	8
可供选择的款式太少	923	21.7	6
挑选不到合适形状的义乳	627	14.7	9
义乳价格高	1397	32.8	3
义乳排汗功能差	970	22.8	5
黏性义乳产生皮疹	149	3.5	10
其他	268	6.3	

8. 被调查女性对义乳文胸材质认知有限

据医学专家介绍，乳腺癌患者术后肌肤十分脆弱和敏感，需要佩戴百分百纯棉材质的义乳文胸。但调查结果显示，被调查女性认为义乳文胸的内里"必须百分百纯棉"的,占比为 67.2%;"不一定要纯棉的",占比 16.7%;"说不清/不清楚"的,占比 16.1%(见图 3)。

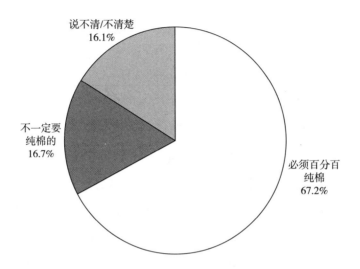

图3 被调查女性对义乳文胸材质的认知

处于不同生存期阶段的被调查女性群体对义乳文胸"必须百分百纯棉"的认知存在差异。随着生存期延长,处于不同生存期阶段的被调查女性群体认同"必须百分百纯棉"的比例呈下降趋势,认同"不一定要纯棉的"的比例直线上升,选择"说不清/不清楚"的比例也在下降(见表 26)。

表26 不同生存期阶段被调查女性对义乳文胸的认识

单位:人,%

认知	类别	5 年及以下	6~9 年	10~14 年	15~19 年	20 年及以上
必须百分百纯棉	计数	1616	709	335	110	91
	百分比	67.3	69.1	65.9	62.9	61.1

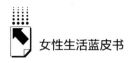

续表

认知	类别	5年及以下	6~9年	10~14年	15~19年	20年及以上
不一定要纯棉的	计数	352	170	101	46	42
	百分比	14.7	16.6	19.9	26.3	28.2
说不清/不清楚	计数	433	147	72	19	16
	百分比	18.0	14.3	14.2	10.9	10.7

9. 义乳文胸首选标准是舒适简单

调查结果显示，被调查女性对义乳文胸的款式偏好依次是："舒适简单就好，色彩款式面料无所谓"，占比55.1%；"最好和普通文胸一样好看漂亮，色彩丰富，款式多样"，占比48.0%；"喜欢有紧致承托效果的义乳文胸"，占比37.3%；"能覆盖全部手术伤疤的高遮挡义乳"，占比36.7%；"喜欢运动型义乳文胸（可游泳）"，占比34.5%；"绿色新材料如植物染色文胸，避免术后肌肤过敏"，占比29.3%；"新科技产品，如有温控效果的义乳（硅胶材质冬冷夏热）"，占比25.1%；"义乳居家服"，占比19.5%；"蕾丝网纱、刺绣或缎面多种多样，面料新颖独特"，占比14.6%；"搭配义乳文胸，最好有带内裤的成套产品"，占比11.3%（见表27）。

表27　被调查女性对义乳文胸的款式偏好

单位：次，%

款式	计数	有效百分比	排序
舒适简单就好，色彩款式面料无所谓	2345	55.1	1
喜欢有紧致承托效果的义乳文胸	1588	37.3	3
最好和普通文胸一样好看漂亮，色彩丰富，款式多样	2043	48.0	2

续表

款式	计数	有效百分比	排序
蕾丝网纱、刺绣或缎面多种多样,面料新颖独特	623	14.6	9
搭配义乳文胸,最好有带内裤的成套产品	481	11.3	10
喜欢运动型义乳文胸(可游泳)	1468	34.5	5
新科技产品,如有温控效果的义乳(硅胶材质冬冷夏热)	1068	25.1	7
绿色新材料如植物染色文胸,避免术后肌肤过敏	1248	29.3	6
能覆盖全部手术伤疤的高遮挡义乳	1563	36.7	4
义乳居家服	830	19.5	8
其他	89	2.1	

四　被调查女性的八大建议

调查结果显示,被调查女性在乳腺癌预防和康复方面有八大建议,按比例高低排序依次是:"加强乳腺癌筛查力度,早发现早治疗",占比88.9%;"将更多治疗乳腺癌药品纳入医保或提高报销比例",占比61.0%;"加大乳腺癌预防和康复科普宣传",占比52.0%;"加大对乳腺癌患者和家庭的救助和经费投入",占比41.7%;"增加患者心理辅导和家庭关系指导服务",占比30.5%;"增加为乳腺癌患者提供康复运动的指导人员和场所",占比22.2%;"多开办相关俱乐部和互助社群",占比21.7%;"多提供高质量的健康时尚、价廉物美的义乳产品",占比21.2%(见表28)。

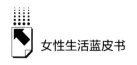

表 28　被调查女性的建议

单位：次，%

建议	计数	个案百分比	排序
加强乳腺癌筛查力度，早发现早治疗	3783	88.9	1
加大对乳腺癌患者和家庭的救助和经费投入	1773	41.7	4
将更多治疗乳腺癌药品纳入医保或提高报销比例	2596	61.0	2
加大乳腺癌预防和康复科普宣传	2215	52.0	3
多开办相关俱乐部和互助社群	924	21.7	7
增加患者心理辅导和家庭关系指导服务	1298	30.5	5
多提供高质量的健康时尚、价廉物美的义乳产品	903	21.2	8
增加为乳腺癌患者提供康复运动的指导人员和场所	945	22.2	6

此外，被调查女性还建议，应加大对因乳腺癌引起的淋巴水肿科学防治知识的普及力度。

五　主要发现及对策讨论

2020 年 12 月 5 日，世界卫生组织国际癌症研究机构（IARC）发布的全球最新癌症数据显示①，全球乳腺癌新增患者达 226 万人，乳腺癌新发病例人数首次超过肺癌，成为"全球第一大癌"。2020 年，我国女性乳腺癌新发病例数 42 万，为中国女性新发癌症病例之首。发病率明显上升，发病年龄下降，确诊时临床分期相对较晚、中晚期患者较多，是中国乳腺癌发病的几大特征。

本次调查通过对 4259 位乳腺癌患者当下生活状况、康复情

---

① 世界卫生组织国际癌症研究机构（IARC）发布 2020 年全球最新癌症数据，见 https：//www.sohu.com/a/443358070_ 120051436。

况、认知与需求等方面的了解，获得以下发现并提出对策建议供讨论。

（一）本次调查主要发现

1. 群体画像：确诊时平均年龄46岁，98.2%的已婚或有婚史，95.8%的有孩子

被调查女性平均年龄 53 岁。乳腺癌确诊时，她们的平均年龄为 46 岁，45~54 岁的占 43.0%。98.2%的被调查女性已婚或有婚史，其中已婚占 86.3%，离异占 7.3%，丧偶占 4.6%；另未婚有伴侣占 0.9%，未婚无伴侣占 0.9%。95.8%的被调查女性有子女，没有孩子的占 4.2%。从职业状况看，退休的接近一半（46.0%），其次是普通职员占 14.3%，全职在家的占 12.7%，三类合计超过七成。

综合被调查女性的年龄、婚姻等情况，该群体呈现出一些共性特征，即罹患乳腺癌的大部分女性人到中年，生理年龄步入人生分水岭，来自家庭、工作和社会等各方面的责任与压力也达到了峰值。

2. 患癌原因：首因是"精神和心理压力大"，治疗不及时和不良生活方式也是重要因素

伴随现代医学的发展，癌症病因的形成和患者治疗、康复等已由过去单一生物医学模式向生物医学、社会心理等综合模式运用转换。在肿瘤病因学的探讨中，社会心理因素日益受到重视。对于癌症发病原因，国内外比较一致的观点认为：癌症是人体正常细胞长期在诸多不良外因和内因作用下，发生了基因调控质变，从而导致过度增殖的后果。学界和临床大量调查实验也证明，患者遭遇较多负面生活事件、精神紧张度较高、面对应激时采用消极应对方式等，都与肿瘤的发生密切相关。

在被调查女性自我判断的患病原因中，"精神和心理压力大"位居第一，占比 79.1%；其次是"患乳腺良性疾病未及时治疗"

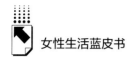

（35.2%）。其他患病原因如"月经初潮早（≤12岁），绝经迟（≥55岁）""抽烟、饮酒、熬夜等不良生活方式""乳腺密度高"等的选择比例均在10%左右。可以看出，除了自身生理基质外，来自家庭、职场等外部环境的种种压力，使得被调查女性难以规律作息，睡眠质量欠佳，不良情绪得不到有效排解，造成人体内分泌紊乱，引起生理环境失调，导致生物机体免疫功能下降，从而增加了乳腺癌发病的风险。

3. 康复状况：癌龄6年及以上超四成；配合治疗、家人照顾等，助力乳腺癌患者重建新生活

癌症流行病学统计认为，癌症确诊后5年生存可视作康复或痊愈，中国乳腺癌患者的五年生存率已达83.2%[1]。本次调查发现，被调查女性的"癌龄"平均为6年。"癌龄"6年及以上的患者占比达到43.6%，意味着医学的进步使乳腺癌患者康复率不断提高，生存期也在不断延长。但对患者而言，在与癌症的抗争中，积极乐观的心态、不离不弃的陪伴、生活方式的重建等，才是她们不断拓展生命长度的动力之源和精神助力。被调查女性认为，有利于身体康复最主要的四大因素是"按时复诊，配合医生治疗"（83.8%）、"家人的支持和照顾"（78.8%）、"健康饮食"（75.0%）和"运动健身"（61.9%）。可见，除了医学技术治疗手段外，患者主动配合、按时复诊，家人支持和陪伴，以及膳食均衡、适度运动等自然康复治疗方式，都能有效减少癌症转移、复发概率，提升康复率。

调查还发现，被调查女性获取乳腺癌术后康复信息的渠道非常多元，主要是"治疗医生"（67.2%）和"病友或参与互助社群、俱乐部信息"（66.7%）；"医疗健康类公众号"（45.2%）和"乳腺病治

---

[1] 国家癌症中心：《我国癌症患者的5年生存率十年提升了近10个百分点》，《中国青年报》，2020-10-16，https：//baijiahao. baidu. com/s？id＝1680719247422076037&wfr=spider&for=pc。

疗的平台"（35.1%）的占比也较高，其他渠道还有"参加医院或企业举办的讲座""家人、朋友推送的信息"等。这说明乳腺癌患者得到了更为全面的社会支持，包括来自医生、心理咨询师、康复治疗师、社工和志愿者等社会各方面的帮助。

4.生活变化：大多数人积极面对疾病，更加注重健康生活方式的养成，也有部分患者出现负面情绪、经济压力增大等

大多数被调查女性患病后能够调整好自己的心态，积极应对疾病，生活出现了积极变化。在患病后的生活改变中，前五位均为正向变化，依次是"注意营养搭配，积极健身锻炼，养成良好的生活方式"（74.8%）、"珍惜生命，好好生活，发展了很多兴趣爱好"（73.5%）、"不再当'拼命三娘'，与家人相处陪伴的时间多了"（50.3%），以及"扩大朋友圈，参加各种社群活动和义工服务，觉得生活更有意义了"（42.8%）和"更爱美了，从妆容到发型、从内衣到外衣全部焕然一新"（27.2%）。

也有一部分被调查女性陷入了人生低潮。部分人在治疗过程中，因为切除乳房、掉头发、吃含有激素的抗癌药物导致体型发胖，焦虑与日俱增，时常出现负面情绪和心理压力，表示"感觉不再完美，不敢正视自己的身体""缺乏自信，自惭形秽，内心非常自卑""焦虑、失眠、厌食，感觉要崩溃了""总缩在家里，出现社恐症，很长时间没有参加朋友聚会了"。部分人因为支付治疗和康复保健费用等而经济压力增大，家庭生活困难。特别是对于癌症中晚期才被发现的患者，不仅治疗难度大，而且花费多，后期康复费用更是不菲。部分人患病之后工作受到影响，被调岗或辞退后难以找到合适的新工作，失去了稳定的经济来源。

5.义乳文胸：佩戴义乳成普遍选择（仅14.1%的人保乳成功），首选标准是舒适简单

拥有一副健康完整的乳房是每个女性的基本需求。但受医疗技术

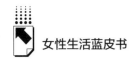
水平、经济能力和"切乳保命"生死观等多种因素的制约，我国乳腺癌患者采用保乳或乳房重建手术率远低于欧美国家。本次调查显示，仅有14.1%被调查女性保乳成功。左侧乳房切除的占比41.4%，右侧乳房切除的占比40.5%，双侧乳房切除的占比4.1%。不过，她们对乳房重建的意愿和需求正在增长，表示只要经济能力承受得起，希望进行乳房再造。年轻患者乳房再造意愿更为强烈。

比起高昂的乳房再造术费用，佩戴义乳文胸成大多数患者的普遍选择。专家指出，乳房切除特别是单侧乳房切除后，身体不平衡易引发脊柱侧弯等其他身体问题，而义乳重量和文胸的拉力，可以起到保持身体平衡的作用；同时，从身体外形上看，义乳不会影响形体审美，从而在心理上缓解患者的缺陷感和形体焦虑，增强其自信心，恢复其社会认同，提升其幸福感和安全感。

被调查女性对现有市场上义乳产品存在的问题意见比较集中。排在前五位的是"义乳过重""大小不对称，义乳偏高/义乳偏低""义乳价格高""义乳跑位，从上边缘露出/左右移位""义乳排汗功能差"。在义乳文胸选择偏好上，她们的首选标准是"舒适简单就好，色彩款式面料无所谓"（55.1%）；其次是"最好和普通文胸一样好看漂亮，色彩丰富，款式多样"（48.0%）。至于义乳文胸的内里，67.2%的被调查女性认为必须百分之百纯棉，16.7%的人认为不一定纯棉，还有16.1%的人表示说不清/不清楚。在消费习惯上，七成被调查女性两年内更换一次义乳文胸，购买300元以下的低价义乳文胸较普遍。

（二）对策讨论

1.加大科普宣传，提高公众对乳腺癌防治知识的认知度

媒体应通过专题、专栏、音视频节目等多元化媒体产品、差异化媒介平台、立体化传播手段，全媒体加大对乳腺癌等健康知识的科普

宣传力度，提升患者和广大女性对乳腺癌的科学认知；加大对适龄女性参与乳腺癌筛查的宣传力度，提升她们对乳腺癌筛查的知晓率，使她们主动参与"两癌"（宫颈癌、乳腺癌）免费检查。

2. 重视心理关爱，激发患者重建新生活的信心和勇气

乳腺癌患者在人际互动、亲密关系中表现得更为敏感，要给予这一群体更多心理关爱，通过适当的心理干预和疏导，鼓励她们保持积极乐观的生活态度，树立战胜疾病的信心和勇气；帮助她们搭建患者/病友俱乐部和互助社群，组织患者参与集体文娱活动、分享交流，使她们保持正常的社会交往、获得更多关爱和陪伴，引导她们保持乐观向上的生活态度。

3. 增加民生福利，减轻患者及家庭的经济负担

应将更多治疗乳腺癌的药品纳入医保或提高医保特别是乳房重建手术报销比例，不断提升患者治疗以及与之相应的基本医疗保险服务；加大对乳腺癌患者和家庭的救助和经费投入，不断完善综合防治体系和救助政策，扩大受益面，保障每位患者都能享有更高品质的卫生健康服务。

4. 提高义乳质量，让患者放心舒心安心享受高品质产品

增加物美价廉、舒适度高、品种丰富、高品质的义乳产品供给。虽然义乳无法完全替代失去的乳房，但合适的义乳能够起到保护伤口、保持身体平衡、预防斜颈和脊柱侧弯等作用，可以促进患者身体康复。同时，义乳是患者身体形象重塑的重要内容，体现了女性对美的追求、对生活的热爱，对患者心理重建也具有重要作用。

5. 医疗+整形，加快培养具有形体美学知识和技能的医学人才

无论是健康人还是病患都对美好生活充满向往，而病患对于健康和美的期待更为强烈。因此，跨学科、综合型且具有形体美学知识和技能的外科医学人才培养，必然成为现代医学发展的重要趋势之一。应将整形外科纳入外科住院医师规范化培训计划，通过严格规范的整

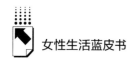

形外科技术培训，提升以医学美容为方向的整形外科医师临床经验；应加快建立一般医疗机构与整形医疗机构的协同合作平台与合作机制，满足病患对手术治疗和乳房重建的一站式需求。

6. 珍惜生命和健康，涵养健康文明生活新风尚

女性健康不仅关乎自身，也关乎整个家庭健康生活方式的养成，关乎婚姻家庭情感和生活质量。广大女性朋友要保持积极乐观的心态，多培养一些兴趣爱好，多参加一些社群和社会活动，在与人分享共进中，适应压力、释放压力。要加强自我学习，不断丰富自身对疾病科学预防知识与技能的了解；要注重膳食均衡，养成规律运动习惯，不断提高自身和家庭成员对各种疾病的抵抗力、免疫力，为开启美好新生活奠定良好健康基础。

执笔：吴宝丽，中国妇女杂志社副社长，中国家庭文化研究会副会长，中国妇女报刊协会副会长，文学学士，公共管理硕士。

李佳，Ubras合伙人，毕业于北京服装学院服装工程专业，专注内衣行业近20年；东华大学Ubras内衣材料联合研发中心管理委员会研究员。

Abstract

This book consists of one general report: "Strive to Be the Builders, Advocates and Strivers on the New Journey—Annual Report on Chinese Women's State of Life in 2021", and four survey reports: "16th Chinese City Women Life Quality Survey Report (2021) ", "2021 City Women and Family Consumption Survey Report", "City Women Body Health Management Survey Report" and "Survey Report on the State of Life of Breast Cancer Patients", to show women's striving and accomplishments on the new journey and in this new era, and their unique role in social and domestic life from different perspectives.

Data from the "16th Chinese City Women Life Quality Survey (2021) " shows that the respondents saw their political literacy improved and strived to become builders, advocates and strivers. they were actively engaged in entrepreneurship and employment, and looked for new opportunities in the digital economy; strived to balance work and family, and played a unique role in family building and the improvements in family education and family traditions; created and led a high-quality life and embraced a green lifestyle; keep their health incheck, both physically and mentally, relieved stress and adjusted themselves, spent time with family, improved their home environment, pursued self – development, and enjoyed the convenient digital life.

In 2021, they scored 7. 40 points in the evaluation index of life quality. The breakdown of the result shows 7. 97 for satisfaction with

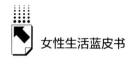

domestic life quality, 7. 89 for sense of happiness, 7. 71 for satisfaction with physical and mental health, 7. 62 for satisfaction with the living environment, 6. 56 for satisfaction with family income, 7. 52 for satisfaction with work and 6. 38 for satisfaction with personal income.

The survey shows that in 2021, city women and their families showed new consumption patterns, with the top three being " embrace green consumption, purchase energy-saving and eco-friendly products," " pursue high-quality life and value a beautiful home environment," and " support Chinese brands, and like to choose Chinese fashion brands. " with the pandemic still around, short and medium-distance travel became their new trend. Childcare and housing constituted the largest household expenditures. There was a strong demand for high-quality domestic services, intelligent old-age services, and universal child care services for the 0−3 year olds.

The survey on the health management of the new-generation women shows that the surveyed women pursued meticulous, comprehensive health care for both mental and physical health, followed a healthy diet, and worked out to keep fit; their outlook on marriage and romance stood out: most of them agreed that " age difference doesn't matter, and won't considering getting married until the right person appears" and embraced the " let-it-be " attitude toward marriage; the number of online contraceptive order grew rapidly, shows that they wanted to have contraception in their hands.

The survey on breast cancer patients shows that their average age at diagnosis was 46. Most of them blamed it for "high psychological pressure. " Wearing breast implants was a common choice. except for 14. 1% of the patients who kept their breasts, Factors such as "returning visit on time and cooperating with doctors in treatment" and "family support and care" are two major factors to help them rebuild their lives.

Keywords: Life Quality; Family Consumption; Family Building; Female Health

Contents

I General Report

Abstract: In 2021, women strived to be builders, advocates and strivers on the new journey, and were actively pursuing a better life. They were confident and worked to improve themselves, with deep love for the country, the Party and the people. They worked hard and pursued their dreams on the new journey. They had an eye for the beautiful and wonderful, and created and led a high-quality life. They were upbeat and acted as role models in promoting social etiquette and civility. They were health-minded and pursued both physical and mental health. They led a

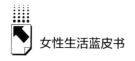
green life, and protected the environment. They kept pace with the times, and enjoyed the convenient digital life. They yearned for more measures to reduce the burden of childbirth, parenting and education; for institutional improvements to guarantee gender equality; and for better developed domestic services to help realize a better life. Recommendations: guiding women to make more contributions to high-quality development; promoting the effective implementation of measures for family building and for improving family education and family traditions; making it part of the routine work to protect women's rights and interests and care about women.

Keywords: Women Life Quality; Women and Family Consumption; Family Building, Family Education and Family Traditions

II Women and Family Life Survey

B . 2 16th Chinese City Women Life Quality Survey Report (2021)
Women of China Magazine,
Huakun Women's Life Survey Center / 015

Abstract: A survey of 34991 city women shows that in 2021, women scored 7. 40 points in the evaluation index of life quality. The breakdown of the result shows 7. 97 for satisfaction with domestic life quality, 7. 89 for sense of happiness, 7. 71 for satisfaction with physical and mental health, 7. 62 for satisfaction with the living environment, 6. 56 for satisfaction with family income, 7. 52 for satisfaction with work and 6. 38 for satisfaction with personal income. The main conclusions are as below. In 2021, the respondents worked hard in the new journey to make more contributions in this new era. They bore deeply in mind "the country's fundamental interests," and saw their political literacy improved; they pursued a great diversity of entrepreneurship and employment opportunities, and blurred the boundaries between work and life; they advocated the new trend of family traditions, and considered a happy family and astable job important sources of happiness; they created and led a high-quality life and embraced the green lifestyle. Recommendations: strengthening ideological and political guidance, and making it more differentiated and targeted; implementing the employment first strategy, and strengthening the protection of women's rights and interests in flexible employment; improving women's digital literacy to help them better integrate into the digital age; and building a high-quality domestic service system to enhance the sense of gain, happiness and security of women and their families.

Keywords: City Women; Life Quality; Entrepreneurship and Employment; Family Building; Satisfaction Degree

B. 3   The 2021 City Women and Family Consumption

Survey Report

Huakun Women Consumption Guidance Center / 070

Abstract: A survey of 34991 women shows that 91. 7% of the respondents had their own income, and more than half of them had a family income of 60, 000 (exclusive) −240, 000 yuan. In 2021, the women and families survey new consumption patterns, and the top three are: "embrace green consumption, purchase energy-saving and eco-friendly products" (45. 4%), "pursue high-quality life, with emphasis on beautifying the home environment" (36. 6%) and "support Chinese brands, and like to choose Chinese fashion brands" (34. 2%). The top three household expenditures were child care, housing, and wellness. with

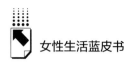
the pandemic still around, 58. 3% of the respondents and their families had traveled, and short- and medium-distance travel was favored, especially parent-child tours themed on CPC heritage. The respondents and their families had a strong demand for high-quality domestic service, intelligent old-age service, and inclusive childcare service for the 0−3 year olds. They raid more attention on self-education or children's education, and expected to buy/rent a home, buy/trade up for a new-energy car.

Keywords: Women Consumption; Family Consumption; Consumption Outlook; Expected Consumption

B. 4   The City Women Body Health Management Survey Report

Women of China Magazine,

Yoloho (Beijing) Network Technology Co. , Ltd. ,

CBNData / 107

Abstract: A survey of 1203 new-generation women finds that women have become more conscious of themselves and their pursuits. Most of them agree on "age difference doesn't matter, and won't consider getting married until the right person appears" and embraced the "let-it-be" attitude toward marriage. They pursued meticulous, comprehensive health care for both mental and physical health: 42. 6% of the respondents had a healthy diet, 32. 8% exercised regularly, and 24. 1% took oral health-care products. They had the choice about contraception and birth control in their own hands, and the number of online contraceptives orders increased rapidly. Over 60% of women suffered from fertility anxiety due to "high cost of childcare" and "lacking of time and energy for company. " Recommendations: cultivating the correct outlook on romance, marriage and family, and strengthening the education on and service of marriage and child-bearing; accelerating the implementation of relevant policies to ease the birth anxiety and build a fertility-friendly society; getting rid of outlated thinking and promoting the active participation of men in child care.

Keywords: New-Generation Women; Healthy Lifestyle; Outlook on Marriage and Childbirth

B.5 A Survey Report on the State of Life of Breast Cancer Patients

Women of China Magazine,

Huakun Women Consumption Guidance Center / 146

Abstract: A survey of 4259 breast cancer patients reveals that their average age at diagnosis was 46. Most of them (79. 1%) blamed it for "high psychological pressure. " wearing breast implants was a common choice. Except for 14. 1% of the patients who keep their breasts. Factors such as "returning visit on time and cooperating with doctors in treatment" (83. 8%) and "family support and care" (78. 8%) were two major factors to help them rebuild their lives. They "valued nutrition and exercised actively, developed a healthy lifestyle" and "treasured life, cultivated many interests and hobbies. " Recommendations: increasing science awazeness of the breast cancer, providing more psychological care, reducing the financial burden of patients and their families, improving the quality of breast implants, and accelerating the training of medical professionals capable of performing plastic surgeries.

Keywords: Breast Cancer Patients; Healthy Lifestyle

皮 书

智库成果出版与传播平台

❖ 皮书定义 ❖

皮书是对中国与世界发展状况和热点问题进行年度监测，以专业的角度、专家的视野和实证研究方法，针对某一领域或区域现状与发展态势展开分析和预测，具备前沿性、原创性、实证性、连续性、时效性等特点的公开出版物，由一系列权威研究报告组成。

❖ 皮书作者 ❖

皮书系列报告作者以国内外一流研究机构、知名高校等重点智库的研究人员为主，多为相关领域一流专家学者，他们的观点代表了当下学界对中国与世界的现实和未来最高水平的解读与分析。截至2022年底，皮书研创机构逾千家，报告作者累计超过10万人。

❖ 皮书荣誉 ❖

皮书作为中国社会科学院基础理论研究与应用对策研究融合发展的代表性成果，不仅是哲学社会科学工作者服务中国特色社会主义现代化建设的重要成果，更是助力中国特色新型智库建设、构建中国特色哲学社会科学"三大体系"的重要平台。皮书系列先后被列入"十二五""十三五""十四五"时期国家重点出版物出版专项规划项目；2013~2023年，重点皮书列入中国社会科学院国家哲学社会科学创新工程项目。

皮书网

（网址：www.pishu.cn）

发布皮书研创资讯，传播皮书精彩内容
引领皮书出版潮流，打造皮书服务平台

栏目设置

◆ 关于皮书

何谓皮书、皮书分类、皮书大事记、
皮书荣誉、皮书出版第一人、皮书编辑部

◆ 最新资讯

通知公告、新闻动态、媒体聚焦、
网站专题、视频直播、下载专区

◆ 皮书研创

皮书规范、皮书选题、皮书出版、
皮书研究、研创团队

◆ 皮书评奖评价

指标体系、皮书评价、皮书评奖

◆ 皮书研究院理事会

理事会章程、理事单位、个人理事、高级
研究员、理事会秘书处、入会指南

所获荣誉

◆ 2008 年、2011 年、2014 年，皮书网均
在全国新闻出版业网站荣誉评选中获得
"最具商业价值网站"称号；

◆ 2012 年，获得"出版业网站百强"称号。

网库合一

2014 年，皮书网与皮书数据库端口合
一，实现资源共享，搭建智库成果融合创
新平台。

皮书网

"皮书说"
微信公众号

皮书微博

权威报告·连续出版·独家资源

皮书数据库
ANNUAL REPORT(YEARBOOK)
DATABASE

分析解读当下中国发展变迁的高端智库平台

所获荣誉

- 2020年，入选全国新闻出版深度融合发展创新案例
- 2019年，入选国家新闻出版署数字出版精品遴选推荐计划
- 2016年，入选"十三五"国家重点电子出版物出版规划骨干工程
- 2013年，荣获"中国出版政府奖·网络出版物奖"提名奖
- 连续多年荣获中国数字出版博览会"数字出版·优秀品牌"奖

皮书数据库

"社科数托邦"
微信公众号

成为用户

　　登录网址www.pishu.com.cn访问皮书数据库网站或下载皮书数据库APP，通过手机号码验证或邮箱验证即可成为皮书数据库用户。

用户福利

- 已注册用户购书后可免费获赠100元皮书数据库充值卡。刮开充值卡涂层获取充值密码，登录并进入"会员中心"—"在线充值"—"充值卡充值"，充值成功即可购买和查看数据库内容。
- 用户福利最终解释权归社会科学文献出版社所有。

社会科学文献出版社 皮书系列
SOCIAL SCIENCES ACADEMIC PRESS (CHINA)

卡号：298623455889
密码：

数据库服务热线：400-008-6695
数据库服务QQ：2475522410
数据库服务邮箱：database@ssap.cn
图书销售热线：010-59367070/7028
图书服务QQ：1265056568
图书服务邮箱：duzhe@ssap.cn

基本子库
SUB DATABASE

中国社会发展数据库（下设 12 个专题子库）

紧扣人口、政治、外交、法律、教育、医疗卫生、资源环境等 12 个社会发展领域的前沿和热点，全面整合专业著作、智库报告、学术资讯、调研数据等类型资源，帮助用户追踪中国社会发展动态、研究社会发展战略与政策、了解社会热点问题、分析社会发展趋势。

中国经济发展数据库（下设 12 专题子库）

内容涵盖宏观经济、产业经济、工业经济、农业经济、财政金融、房地产经济、城市经济、商业贸易等 12 个重点经济领域，为把握经济运行态势、洞察经济发展规律、研判经济发展趋势、进行经济调控决策提供参考和依据。

中国行业发展数据库（下设 17 个专题子库）

以中国国民经济行业分类为依据，覆盖金融业、旅游业、交通运输业、能源矿产业、制造业等 100 多个行业，跟踪分析国民经济相关行业市场运行状况和政策导向，汇集行业发展前沿资讯，为投资、从业及各种经济决策提供理论支撑和实践指导。

中国区域发展数据库（下设 4 个专题子库）

对中国特定区域内的经济、社会、文化等领域现状与发展情况进行深度分析和预测，涉及省级行政区、城市群、城市、农村等不同维度，研究层级至县及县以下行政区，为学者研究地方经济社会宏观态势、经验模式、发展案例提供支撑，为地方政府决策提供参考。

中国文化传媒数据库（下设 18 个专题子库）

内容覆盖文化产业、新闻传播、电影娱乐、文学艺术、群众文化、图书情报等 18 个重点研究领域，聚焦文化传媒领域发展前沿、热点话题、行业实践，服务用户的教学科研、文化投资、企业规划等需要。

世界经济与国际关系数据库（下设 6 个专题子库）

整合世界经济、国际政治、世界文化与科技、全球性问题、国际组织与国际法、区域研究 6 大领域研究成果，对世界经济形势、国际形势进行连续性深度分析，对年度热点问题进行专题解读，为研判全球发展趋势提供事实和数据支持。

法律声明

"皮书系列"（含蓝皮书、绿皮书、黄皮书）之品牌由社会科学文献出版社最早使用并持续至今，现已被中国图书行业所熟知。"皮书系列"的相关商标已在国家商标管理部门商标局注册，包括但不限于 LOGO（ ）、皮书、Pishu、经济蓝皮书、社会蓝皮书等。"皮书系列"图书的注册商标专用权及封面设计、版式设计的著作权均为社会科学文献出版社所有。未经社会科学文献出版社书面授权许可，任何使用与"皮书系列"图书注册商标、封面设计、版式设计相同或者近似的文字、图形或其组合的行为均系侵权行为。

经作者授权，本书的专有出版权及信息网络传播权等为社会科学文献出版社享有。未经社会科学文献出版社书面授权许可，任何就本书内容的复制、发行或以数字形式进行网络传播的行为均系侵权行为。

社会科学文献出版社将通过法律途径追究上述侵权行为的法律责任，维护自身合法权益。

欢迎社会各界人士对侵犯社会科学文献出版社上述权利的侵权行为进行举报。电话：010-59367121，电子邮箱：fawubu@ssap.cn。

社会科学文献出版社